El caso Mata-Hari

A pesar de haber puesto el máximo cuidado en la redacción de esta obra, el autor o el editor no pueden en modo alguno responsabilizarse por las informaciones (fórmulas, recetas, técnicas, etc.) vertidas en el texto. Se aconseja, en el caso de problemas específicos —a menudo únicos— de cada lector en particular, que se consulte con una persona cualificada para obtener las informaciones más completas, más exactas y lo más actualizadas posible. EDITORIAL DE VECCHI, S. A. U.

© Editorial De Vecchi, S. A. 2018
© [2018] Confidential Concepts International Ltd., Ireland
Subsidiary company of Confidential Concepts Inc, USA

ISBN: 978-1-68325-800-1

Lionel Dumarcet

EL CASO
MATA-HARI

dve
PUBLISHING

Índice

Prólogo

¡No se puede cambiar lo que ya se ha juzgado! Inocente liberado o culpable condenado, inocente encarcelado o culpable en libertad... El acusado de un juicio no puede ser juzgado dos veces, ni siquiera por los historiadores.

Y, sin embargo, es muy grande la tentación de romper el muro de silencio que la ley impone con razón. Nadie puede creerse un Clemenceau, el redactor jefe de *L'aurore*, y dirigir una carta a Félix Faure, presidente de la República, titulada con el famoso «Yo acuso».

No, el lugar del historiador no es este. No está al lado de Zola. No está en la frase del autor de *L'Asommoir*: «Mi ardiente protesta no es más que el grito de mi alma. Que se atrevan a citarme en la Audiencia y que el sumario tenga lugar a plena luz». El historiador y el cronista judicial ejercen un trabajo *a posteriori*.

Su tarea no consiste en ser sólo un hombre que piensa o que comunica un pensamiento. Consiste ante todo en:

— ser un honesto hombre de memoria;
— explicar los hechos tal y como se conocen y no las hipótesis que uno desearía que fuesen;
— describir el desarrollo y los protagonistas del proceso o el sumario y la vista o las audiencias.

Consiste, en definitiva, en establecer una serena suerte crítica de los casos que han levantado pasiones.

Así es como veremos este proceso de ahora en adelante, con la mirada inocente de quien conoce los hechos en su totalidad, del que percibe que, detrás de todo esto, se esconde el alma humana.

Más tranquilos que en el momento de los hechos, más relajadamente que en un debate televisivo, los autores de este tipo de obras intentan, cada uno a su manera, invertir la fórmula de Jean Guitton: «Siempre ocurre lo imprevisible (lo imprevisible de las luces y las sombras), a pesar de nuestros esfuerzos de perspicacia y de previsión»[1].

Si, entre luces y sombras, estas obras nos ofrecen elementos de reflexión perspicaces y prospectivos, entonces su finalidad se habrá logrado.

Sabemos que en las salas de audiencias (y ahí radica su importancia) las cosas nunca pasan como se habían previsto. Estas obras de presentación general de un hecho judicial nos permiten situarnos más cerca del hombre, de su inocencia o de su culpabilidad, de su drama y quien sabe si de su redención.

1. Y. Dentan, *Souffle du large: douze rencontres de Mauriac a Malraux*. La Bibliothèque des Arts, 1996.

CAPÍTULO 1

Se perfila el ambiente

E l 13 de marzo de 1905, en la biblioteca del museo fundado por Émile Guimet en 1889, todos los aficionados instruidos en ciencias orientales fueron invitados a un espectáculo de lo más inusual. La renovada rotonda de la joven institución, que hasta entonces había sido utilizada únicamente para la celebración de conferencias sobre historia de las religiones, vibra bajo los efectos de los velos de una bailarina oriental que acaba de aparecer en el escenario parisino, Margaretha Zelle, la esposa de Mac Leod.

En la biblioteca del museo Guimet

La invitación especifica que la conferencia prevista «a las 9 de la noche, en el museo Guimet, por los señores Guimet y De Milloué sobre danzas brahmánicas» se efectuará «con la participación de la señora Leod, quien interpretará:

»1. La invocación de Siva.

»2. La princesa y la flor mágica.

»3. Danzas guerreras en honor de Subrahmanya».

Esta primera aparición pública, que quedará en la memoria de todos, es realmente una novedad.

ÉMILE GUIMET

Es hijo de un industrial que hizo fortuna con la invención de un azul marino artificial. Émile Guimet nace el 2 de junio de 1836 en Lyon. De su padre hereda el gusto por las ciencias, mientras que su madre, pintora de talento, le inculca el amor por el arte. El viaje que realiza a Egipto, en 1865, le abre las puertas de la arqueología, la filosofía y las religiones antiguas. De esas revelaciones nace «una locura por adquirir», un ardiente deseo de comprender los objetos de arte y una triple búsqueda, «el bien, la verdad y la belleza». En 1837 ingresa en la Sociedad de estudios japoneses, chinos, tártaros e indochinos, llevando a cabo el Primer Congreso Internacional de Orientalistas, organizado por Léon de Rosny (1837-1914). Tres años más tarde, Émile Guimet se marcha a Japón en compañía del pintor Félix Régamey. Ambos adquieren «trescientas pinturas religiosas y seiscientas estatuas divinas» que constituirían el núcleo de su Museo de las Religiones. De vuelta a Francia, después de una estancia en China y en la India, Guimet puede organizar, gracias a sus adquisiciones, una sala de exposición de «las Religiones del Extremo Oriente» en la Exposición Universal de 1878. Ese mismo año organiza el Congreso Provincial de Orientalistas de Lyon, donde toma la decisión de construir un museo oriental, el cual se inaugurará un año después. En el interior del edificio, emprende el acondicionamiento de una biblioteca especializada en historia de las religiones y la creación y ubicación de una escuela de lenguas orientales.

Muy pronto, Guimet se da cuenta de los límites que tendrá su ambicioso proyecto si se queda en su ciudad natal. El 9 de enero de 1883 propone al Estado francés la donación y el consiguiente traslado de sus colecciones a París, a un museo idéntico al construido por Jules Chatron. El 20 de noviembre de 1889, el presidente de la República, Sadi Carnot, inaugura el nuevo edificio. Dentro de su «fábrica de ciencia filosófica», Émile Guimet organiza conferencias dominicales en las que participan grandes personajes del orientalismo. La biblioteca, en forma de rotonda del museo, se convierte rápidamente en uno de los centros de moda del París intelectual de principios de siglo. Es entonces cuando baila Mata Hari, el 13 de marzo de 1905.

Después de la muerte del fundador en 1918, el museo Guimet evoluciona lentamente bajo la concepción de la museología moderna. El esteticismo y la arqueología van sustituyendo a la simbología religiosa.

Habrá que esperar hasta finales de 1980 para que el deseo primero y principal de Émile Guimet sea finalmente respetado.

La rotonda del primer piso quedó convertida en templo hindú para la ocasión. Siva, dios de la danza cósmica, creador del mundo, y Subrahmanya, dios de la guerra, reinan desde el fondo. Las columnas acanaladas, adornadas por cariátides, están envueltas en guirnaldas de flores. Los pétalos tapizan el suelo mientras la luz temblorosa de los candelabros añade aún más misterio. Una orquesta inspirada en «melodías hindúes y javanesas» interpreta una música especial para el evento.

En el centro se encuentra Lady Mac Leod, de pie, apenas envuelta en un velo de color claro; a sus pies, cuatro mujeres sobriamente vestidas de negro, como brotes vehementes de su carne de marfil.

Una única pieza de tela recubre las más delicadas curvas de su cuerpo sinuosamente exquisito, envolviéndola como si de una corola floral se tratara, como los pétalos suntuosamente extendidos de una flor de loto. La cintura estrecha remarca su vientre. Sus senos, tapados por dos conchas de metal incrustadas de pedrería y fijadas en la espalda por delicados cierres, como si quisieran inquietar al cielo. El cabello, oscuro y resaltado por una diadema. Collares, pulseras y brazaletes completan la panoplia de la bailarina.

Baila apartada del mundo, perdida en un universo que no es de nadie más que de ella. De una manera muy particular, de una forma que se asemeja casi al acto de reptar. Y conseguirá sorprender la imaginación, que es precisamente lo que pretende.

La bella Lady Mac Leod arrastra lentamente a los espectadores estupefactos con sus ondulaciones lascivas, con el busto echado hacia atrás y el vientre sobresaliente.

Hay que reconocer que Émile Guimet lo hizo francamente bien en esta «evocación de los cultos sagrados de los pueblos asiáticos».

Entre las paredes recién enceradas y los colores todavía brillantes de la nueva biblioteca destacan dos embajadores, algunos políticos y personajes del mundo intelectual; al final, una retahíla de periodistas convocados para el acontecimiento.

La danza sagrada, realzada por los comentarios del maestro de ceremonias, subyuga poco a poco a un auditorio ya encantado.

Finalmente, cuando ella se funde en una desnudez que no sólo se insinúa, los privilegiados espectadores que asisten al espectáculo enmudecen.

No es un éxito, es el triunfo total. En ella se alaba a la «mujer oriental» en su totalidad. Es hermosa, es cierto. Exhala todos los encantos y los misterios de Oriente. Pero aún consigue más. Restituye, mediante la danza, los ritos ancestrales y la sabiduría secular de la lejana Asia. Un periodista entusiasta escribe, sorprendido:

No ignora las virtudes de Vishnu, ni las fechorías de Siva, ni los atributos de Brahma. Al atractivo mágico, al encantamiento de una bailarina, consigue unir la ciencia teológica de un brahmán[2].

En *La Vie parisienne*, una publicación algo más prosaica, puede leerse:

Lady Mac Leod, es decir, Mata Hari, la bailarina hindú voluptuosa y trágica, baila desnuda en las salas donde se la solicita. Va vestida un con traje de bailarina simplificado al máximo y, al final, incluso simplificado del todo.

El escenario está listo. El nombre también: Mata-Hari. Émile Guimet, poco escrupuloso y menos especializado de lo que se podía esperar en la época, pero sin duda encantado por la bailarina desde su recital en el salón de la Sra. Kiréevsky, permite que lo utilicen. El patronímico, aunque javanés, es pasaporte suficiente para la ejecución de pseudodanzas hindúes en el sanctasanctórum del orientalismo francés. De la India, Mata-Hari no toma prestada más que la voluptuosidad. Voluptuosidad de las imágenes de piedra y de los cuerpos de mujeres de formas vegetales y fecundas.

En París, los símbolos adquieren acentos más carnales y Lady Mac Leod puede así demostrar su talento. Sus triun-

2. Los diálogos, puntos de vista, réplicas, debates y otras citas de este libro no son en absoluto inventadas. Se pueden leer íntegramente consultando las fuentes de información citadas al final de la obra, en la Biblioteca de Francia o bien consultando los archivos de bibliotecas especializadas. Para dar más facilidad a su lectura y para una mejor comprensión, se han integrado en el texto. Las citas (verídicas, pero a la fuerza incompletas), intentan relatar una verdad cercana a la realidad de los hechos.

fos en el escenario atraen rápidamente a un sinfín de admiradores. Como son ricos, cubren rápidamente a la ninfa de joyas y flores, pero sobre todo, de dinero y honores.

Los caminos que llevan a la gloria hacen buena pareja con las camas solícitas de la fortuna. Mata-Hari no será para la posteridad ni más ni menos que una espía. Lo demás proviene todo de la imaginación y de lo superfluo.

Paradójicamente, Mata-Hari, que seguramente hubiera merecido estar en el panteón de las grandes mujeres enamoradas, asume contra sus deseos la imagen opuesta, la de una espía de altos vuelos.

Su gusto por hacer y rehacer autobiografías según las circunstancias y cierta tendencia a la mitomanía le añadieron, sin ninguna duda, aún más misterio. Y así, hasta el trágico último acto.

Autobiografías de una mitómana

Cinco días después de su triunfo en el museo Guimet y de su entrada estruendosa en el París mundano, *La Presse* hace un intento de biografía:

> Ha bailado con velos, una placa en los pechos y casi nada más. Nació en Java, creció en esta tierra de fuego y recibió de ella una soltura y un encanto mágicos, pero su cuerpo poderoso es un claro producto de Holanda. Ninguna mujer había osado, después de estremecimientos de éxtasis, quedarse así, sin velos que la cubrieran ante la mirada de los dioses. ¡Y con qué hermosos gestos, tan osados y castos a la vez! Ella es Absaras, la hermana de las ninfas, de las ondinas, de las valquirias y de las náyades, creada por Indra para la perdición de los hombres y de los más sabios. Mata-Hari no baila sólo con sus pies, sus ojos, sus brazos, su boca, sus uñas pintadas de color carmín. Ninguna atadura molesta la comprime, puesto que Mata-Hari

baila con sus músculos, con su cuerpo entero. Pero el dios presente ensordece ante la ofrenda de su belleza y de su juventud, y ella aún da más: su amor, su castidad y, uno a uno, sus velos, símbolos del honor femenino, que van cayendo a los pies del dios. Sin embargo, Siva es inflexible, quiere jugar con ventaja. Entonces la Devidasha se acerca (un velo más, el último) y de pie, con su valiente y victoriosa desnudez, ofrece al dios la pasión que la devora. En cuclillas, las nautsch, salvajes dentro de sus vestidos oscuros, la excitan profiriendo terribles gritos de «¡Stâ! ¡Stâ! ¡Stâ!», mientras la sacerdotisa, jadeante, enloquecida, cae a los pies del dios y sus compañeras la cubren con un velo de oro. Entonces, Mata-Hari, sin vergüenza alguna, se levanta graciosamente, tapada tan sólo por el velo sagrado y, dando gracias a Siva y a los parisinos, se aleja envuelta en una tempestad de aplausos.

Mata-Hari, todavía con las dudas de la debutante, destila con cuentagotas la información concerniente a su vida y a su arte. Poco después no muestra ya tanto pudor. Cuando es entrevistada por Paul Hervier, le explica cándidamente:

Nací en las Indias, y viví allí hasta los doce años. Mis recuerdos de la infancia son muy precisos. Recuerdo los hechos más insignificantes de esa civilización tan distinta a la vuestra. A los doce años, vengo a Wiesbaden y me caso. Y, con mi esposo, oficial holandés, vuelvo para vivir un tiempo en mi país natal. En ese momento ya soy una mujer y mis ojos vuelven a encontrar con alegría las visiones de antaño.

Los rumores o quizá su propio interés amplifican aún más ese exotismo de papel glaseado y rápidamente se divulga que «nació en algún lugar del sur de la India, sobre las costas de Malabar, hija de un padre brahmán y de una madre bailarina. Encerrada en una sala subterránea del templo de Kanda Swany, fue iniciada desde la infancia en los ritos santos de la danza. Después, la gran maestra de las bailarinas, viendo en ella un caso excepcional, decidió consagrarla a Siva y, ante los altares de la fecundidad, decorados con guirnaldas de jazmín, la noche de la *Sakty Poudja* de primavera le reveló los misterios del amor y de la fidelidad».

París hace un oráculo de este precioso delirio. A partir de ese momento, la gran sacerdotisa de la desnudez sagrada puede seducir, sin herir y bajo la cobertura de la religión, a todos los bellos espíritus de la capital, algunos demasiado crédulos, y a ciertos aventureros de la carne con ambiciones más que sospechosas.

La hermosa Lady Mac Leod no se detendrá ahí. En 1906, cuando se encuentra instalada en Viena, propone una nueva versión de su autobiografía evolutiva. Declara a los periodistas, siempre ávidos de noticias frescas sobre ella:

> Mis padres eran holandeses, pero mi abuela fue la hija de un
> príncipe javanés, por eso corre por mis venas auténtica sangre
> hindú.

Java y la India son alegremente confundidas, los mala-
yos y los indios mezclados tranquilamente. No importa,
en 1908 resulta que «ha nacido en Java, en medio de la
maravillosa vegetación tropical».

En 1912, durante una estancia en Italia, se hace una
nueva revisión de su vida, esta vez demasiado irreal. Según
esta versión, Mata-Hari es la descendiente de una antigua
familia de militares que vivieron en las Indias holandesas.
Su abuela, hija de una regente de la isla de Madura, fue la
primera de la familia en casarse con un oficial; también lo
hizo la madre, por esa razón nació en Java la bailarina.
Huérfana a la temprana edad de doce años, recibió una
educación internacional antes de sucumbir al encanto de un
seductor militar.

En 1914, ya no dice que fue el bisabuelo sino el abuelo
quien gobernó en la isla de Madura. Indonesia queda, a
pesar de todo, honrada por su infancia, que está mecida
por «liturgias eróticas». Una nota de budismo, un esposo
más escocés que nunca y la revista *Vogue* divulgando la leyenda de «aquella que trae las danzas sagradas al Occi-
dente no iniciado».

El último retoque a su biografía se da en Berlín el 23 de
mayo de 1914.

Ese día, Mata-Hari convoca a la prensa en el Hotel
Cumberland. De ahí saldrá un diálogo donde se mezclan
lo dramático y lo increíble.

> ¿Sigue casada Lady Mac Leod con su esposo, descendiente de
> un antiguo clan escocés?
> Lo peor ya ha pasado. Parece que han vivido en Java una
> historia terrible. Nadie sabe con exactitud lo que ha pasado. Lo

único seguro es que su esposo ha matado a uno de sus amigos y que se han divorciado de inmediato.

¿Muerto en duelo? No, en duelo no, asesinado a sangre fría, en su presencia. Ella misma resultó herida en la espalda, pero parece que no fue grave. En cualquier caso, puede bailar.

Y bailará. La danza es su vida. Al menos así lo cree ella y así lo proclama, aunque su espectáculo sea a veces demasiado intermitente para ser un completo objeto de devoción, y aunque ella sea demasiado enamoradiza, demasiado cortesana para ser sólo una bailarina.

No obstante, su comienzo es fulgurante. El mundo queda completamente subyugado. Los hombres forman tumultos y se atropellan para verla. De este modo, la mujer fatal va ganando terreno a la artista, aunque las dos tienen la misma capacidad para multiplicar sus vidas.

Encerrada en su personaje, Mata-Hari cree rápidamente todo lo que inventa y persuade a sus interlocutores. Además, la naturaleza la ha dotado de un físico «que mezcla todos los rasgos, con cierta inclinación hacia su Holanda natal».

Sin embargo, Mata-Hari no se parecía en nada a una holandesa típica. En realidad, su cabello negro azabache no habría desentonado entre una muchedumbre india, y su piel, demasiado mate para ser la de una bátava, le habría podido otorgar los títulos de nobleza de una brahmán en cualquier provincia del subcontinente indio. Por otro lado, no puede ocultar su calidad de mujer occidental. No duda en desvelar sus encantos para triunfar profesionalmente, pero también sabe reconocer el momento idóneo para brillar en sociedad. Con Mata-Hari, la seducción no se reduce a la escena: dentro del microcosmos parisino, ser el blanco de numerosas habladurías le proporciona grandes éxitos. Un periodista de *La Presse* explica:

Después del espectáculo, Mata-Hari, vestida ya con un elegante traje de noche, se une al público y, jugando con una marioneta javanesa, la *wajong* que tiene en sus manos, narra con gran encanto el drama prehistórico de Adjurnah.

Precisamente en estos casos, la educación que recibió en Leeuwarden, su verdadera educación, daba sus frutos. En ese París mundano, la lasciva bailarina no podía evitar que centellearan miles de fuegos, solapando mediante una conversación cuidadosa, y muchas veces pintoresca, el problema que podía suponer el atractivo de un cuerpo excesivamente desvelado en una sociedad tan pudorosa, sobre todo para las mujeres. En cuanto a los hombres, se decantaban por el amor y solían encontrar en la seductora bailarina respuestas favorables a sus súplicas.

Por amor al arte

Mata-Hari puede inventarse más de una vida, y consigue también ser prolífica en todo lo que concierne a su arte:

> ¿Quiere que le diga cómo entiendo mi arte? —dice un día—. Es simplemente mi fe, lo más natural del mundo, ya que la naturaleza es así de sencilla; es el hombre quien la complica. No tenemos necesidad de las cosas que se han convertido en complejas debido a exuberancias ridículas; las danzas brahmánicas sagradas son símbolos y cada gesto responde a un pensamiento. La danza es poesía y, cada movimiento, una palabra.

En el espíritu de Mata-Hari, su baile no es una danza en el sentido estricto de la palabra, es más bien una comunión con los dioses.

También es cierto que es una danza excesivamente desvestida, pero ¿se puede hablar de pudor cuando se trata lo divino? En una entrevista que concede al *Deutsche Volks-blatt* declara:

> Cuando bailo, me olvido de que soy una mujer, de manera que cuando lo ofrezco todo al dios (incluso yo misma, ofrenda que está simbolizada por la lenta caída de mi velo, la última pieza de ropa que aún llevo) me quedo ahí, de pie, aunque esté completamente desnuda durante medio segundo. No he querido con esto sugerir nunca al público nada más que el interés por este sentimiento que expresa mi danza.

De la misma manera dice más tarde al *Corriere della Sera*:

> Existe un proverbio indio que dice: «Cuando una danza está bien bailada, calma precisamente los deseos que podría excitar en aquellos que la observan».

No es por casualidad que en las capitales europeas se pensara que este precepto de la India era tan intelectualmente seductor como lo podían ser los atractivos de Mata-Hari, en un registro mucho menos elevado espiritualmente.

En 1908, vuelve a su origen javanés y a sus danzas, «que constituyen un culto, una religión. Sólo aquellos que han nacido y han sido educados allí pueden impregnarse de su sentido religioso y ofrecer la expresión solemne que estas danzas exigen. He viajado a través de todo Oriente, pero debo decir con toda honestidad que en ninguna parte he visto mujeres bailar con una serpiente entre las manos o cualquier otro objeto. La primera vez que vi eso fue en Europa y esto me lanzó a un abismo de extrañeza. Las danzas orientales, tal y como yo las he podido ver y aprender en Java, mi isla natal, se inspiran en las flores, de las que se destila su poesía».

En 1911 las evoca de nuevo:

> El secreto de las danzas hindúes originales no ha sido transmitido por ninguna prescripción escrita. Yo guardo por lo tanto el auténtico secreto de la danza y este conocimiento de las antiguas danzas hindúes constituye para mí una preciosa propiedad.

El tono podía parecer convincente para un público deseoso de exotismo, pero esta superchería tenía que plantear ciertos problemas para un erudito concienzudo. Indonesia, y Java en particular, era una región convertida masivamente al Islam desde hacía décadas, y los recuerdos del budismo y del hinduismo se resumían, en esta época, a unos pocos vestigios arqueológicos. Celosa de su valioso «saber», Mata-Hari no duda en poner pleitos a todo el que se cuestiona su integridad.

Rápidamente, la bailarina oriental inspirada por los dioses empieza a tener imitadoras. Y cuando la competencia es demasiada, cuando los espectáculos de bailarinas desnudas florecen por todas partes en París, Mata-Hari da rienda suelta a su indignación, transmitida por *The Era*:

> Hace tres años y medio que di mi primer espectáculo, durante una reunión privada, en el museo Guimet. Desde ese día memorable, algunas damas, atribuyéndose el título de «bailarinas orientales», empezaron a proliferar y a honrarme con sus imitaciones. Me sentiría más halagada por esta atención si las exhibiciones de estas señoras tuvieran algún valor desde el punto de vista científico y estético. Pero no es así, en absoluto.

Entre tanto, Mata-Hari abandonó la escena para consagrarse a placeres más efímeros. Cuando quiso volver, la gloria había pasado de largo. Por no haberla sabido preservar, se tuvo que contentar con demostraciones de aprecio.

CAPÍTULO 2

De una vida de ensueño a una vida soñada

Para definir mejor el carácter tan particular de Mata-Hari y su propensión a una mitomanía crónica, es necesario empezar por el principio, retroceder hasta su infancia.

Aquella a quien la historia y la leyenda han recordado con los nombres de Lady Mac Leod o de Mata-Hari se llamaba, en realidad, Margaretha Geertruida Zelle. Era hija de Adam Zelle y de Antje Van der Meulen, y nació el 7 de agosto de 1876 en Leeuwarden, una pequeña ciudad de la Frisia holandesa.

Un poco estrella

Cuando no fantaseaba demasiado, Mata-Hari contaba que su padre «era un comerciante muy conocido. Mi madre era una gran señora tan guapa como rica. Recuerdo mi infancia en el castillo de Caminghastate».

En realidad, Adam Zelle fue un sombrerero, ciertamente opulento pero de pretensiones aristocráticas totalmente falsas. La venta de sombreros y las especulaciones petroleras juiciosas le habían permitido enriquecerse y brillar con el brillo, a veces excesivo, que da el dinero. El vendedor de sombreros enriquecido con rapidez tuvo además la satisfacción de verse nombrado con el título de «barón» por unos compatriotas compasivos o quizás irónicos.

Su vanidad se vio definitivamente consagrada poco después de su boda, en 1873, con la visita oficial del rey Guillermo III a Leeuwarden. El consejo de la ciudad decidió efectivamente rendir los honores a su soberano formando la guardia a caballo. La lógica o la compasión quiso que la presencia de un «barón», aunque fuera ficticio, se impusiera con esta excepcional ceremonia. Adam Zelle reinó así en medio de la burguesía local con su suficiencia engalanada.

Pero el talentoso sombrerero no se conformaba fácilmente. Conmemoró su ascensión y, además, se hizo inmortalizar con un retrato ecuestre. La obra, que se guarda en el museo de La Frise, ofrece la imagen de un hombre de aire altivo, ligeramente barrigudo y con una barba oscura. Llevaba ese día el objeto de su eterna distinción, un sombrero de copa. Alexandre Cohen, periodista originario de Leeuwarden, dijo:

> Nunca lo vi sin su sombrero de copa, siempre apoyado en el pomo de la puerta de su tienda, los pulgares deslizándose sin parar por la sisa de su chaleco.

En cuanto al castillo de Caminghastate, contrariamente a lo que afirman algunos, existe y se conserva bien. Es un hermoso edificio llamado Residencia Amelands, que fue propiedad de la familia Camingha. Aún se puede ver en el centro de la ciudad, ¡frente al antiguo almacén de sombreros de un tal Adam Zelle!

El sombrerero de Leeuwarden fue «ennoblecido» en 1873 y continuó prosperando. En 1877 podía presumir de tener una renta que superaba los doscientos mil francos anuales. Esta opulencia financiera le hizo consentir excesivamente a sus cuatro hijos y, en especial, a su única hija, Margaretha.

Uno de los regalos que más alimentó la crónica local fue, sin duda, la carroza de cuatro plazas arrastrada por cabras que le regaló en su sexto cumpleaños. Al principio, el objeto dejó atónita a toda la ciudad por su pretensión, después fue la envidia de todos y terminó generando unos celos cuyas consecuencias obligaron al comerciante a apartar a su hija pequeña de la sociedad infantil frisona.

«M'greet», como la llamaban familiarmente, no sólo turbaba la monotonía local al utilizar objetos fuera de lo común, sino que ya destacaba por su esplendorosa belleza. En un país de rubias evanescentes, su «silueta morena de cuerpo esbelto y sus ojos atrevidos» sobresalían. Un experto local explicaba que «este carácter genético le había llegado a través de la rama materna, la familia Van der Meulen, cuyos ancestros lejanos descendían de los *woudkers*, tribu que vivía en los bosques de Frisia que tenía como característica común la piel morena».

Aunque formara parte de ellos, Margaretha Zelle no se parecía en nada a sus congéneres. Esta diferencia, sin duda cuidadosamente cultivada por su padre, era algo de lo que la futura Mata-Hari fue muy pronto consciente.

La señora Kerkhof Hoogslag, que fue una buena amiga, comentaba a propósito de esto:

> Ella sabía que era distinta de todas nosotras y muchas no lo podían soportar y se morían de celos. Tenía una bonita voz. Se arriesgaba a llevar vestidos extraordinarios, todo lo contrario que nosotras. Evidentemente, esto provocaba muchos celos, pero yo la defendía siempre porque no los usaba para eclipsarnos, sino sencillamente porque esa era su manera de ser. Es-

taba en su naturaleza el hecho de brillar. Las otras veían a veces algo de impúdico en sus modales pero, para mí, era sencillamente su peculiar manera de ser.

Su gusto por la provocación y su espíritu de rebelde la llevaban a transgredir las reglas. Cuando estudiaba en la institución más prestigiosa de la ciudad, la casa de la señora Buys, M'greet no dudaba en abandonar el uniforme del colegio para salir «con un vestido amarillo de rayas rojas, o incluso completamente vestida de terciopelo rojo, deambulando y coqueteando bajo la mirada atónita de sus amigas».

A pesar de los excesos, no hay duda de que el futuro ídolo de todo París adquirió en casa de la señora Buys las buenas maneras que le permitieron desenvolverse en sociedad. Sam Waagenar, su biógrafo más talentoso e ilustrado (véase «Fuentes de información», en la página 187), afirma que aprendió allí también «el arte de la caligrafía y que conservaba de esta época una hermosa escritura, altiva y noble».

Los numerosos documentos redactados de la mano de Mata-Hari que han llegado a nuestros días permiten comprobar que, aunque no tenía una grafía de sorprendente belleza, poseía a pesar de todo una escritura muy regular y de fácil lectura.

¿Qué significó para ella el dominio de varias lenguas extranjeras? ¿Tuvo esta «mujer internacional» una educación lo bastante extensa como para dominar, antes de su boda, otros idiomas aparte de su lengua materna? Es posible con respecto al francés, que en esa época era la lengua hablada por la elite más rica de Europa. No se ha comprobado el grado de conocimientos de la lengua de Voltaire que adquirió Mata-Hari desde su primer paso por

París en 1903, sobre todo después de una estancia de varios años en las Indias holandesas.

Teniendo en cuenta su posterior vida de cortesana, quizá sería más conveniente evocar esta ciencia tan particular y preguntarse: ¿fue muy eficaz el aprendizaje de las lenguas que practicó en la cama?

Sin embargo, en 1889 el cuento de hadas se acabó de repente. La mala suerte llevó a la ruina a Adam Zelle. El «barón» no pudo soportar el fracaso y decidió ir a buscar fortuna a La Haya. Mujer y niños se vieron obligados a quedarse en Leeuwarden y a cambiar la casa familiar por un pequeño y modesto piso.

En mayo de 1890, el desafortunado sombrerero volvió al domicilio conyugal. Pero la suerte estaba echada. Adam Zelle, su mujer y sus hijos no recuperaron jamás (al menos juntos) su esplendor de antaño. Las relaciones de la pareja se deterioraron rápidamente. El 4 de septiembre se anunció la separación legal de los esposos y Adam se marchó definitivamente para instalarse en Amsterdam.

Nueve meses después murió Antje. La familia Zelle queda totalmente dividida.

Es difícil saber cuál fue la reacción de M'greet ante el abandono del padre al que tanto apreciaba. Su actitud posterior hace pensar que decidió pasar página a los altercados familiares.

Margaretha, con sólo catorce años, dejó Leeuwarden y se fue a casa de su padrino, el señor Visser, que vivía en Smeek, un pequeño pueblo cercano. Pero no estaría allí mucho tiempo. Su nuevo protector decidió muy pronto enviarla a Leiden, donde podría formarse y trabajar en una guardería infantil.

Para los familiares de Margaretha, la elección fue muy poco acertada:

No pudo haber sido peor —diría mucho después la señora Kerkhof Hoogslag—. Ella no estaba en absoluto preparada para
una carrera como esa, que podía servir para una chica con vocación maternal, pero M'greet era un caso distinto.

Aunque es una opinión realizada *a posteriori*, no por eso
pierde sentido, puesto que en su momento Mata-Hari lu-
chó sin mucho entusiasmo para recuperar a su hija.

La experiencia, de todas maneras, iba a durar bien
poco. La encantadora adolescente en que se había convertido Margaretha hizo enloquecer al director de la escuela, el señor Wybrandus Haanstra. Esta pasión no tuvo
nada de platónica, e incluso hubo malas lenguas que afir-
maban que abusó de ella hasta que la apartaron de la institución. Así fue como Margaretha dejó Leiden y fue acogida en La Haya por otro de sus tíos, el señor Taconis. La
rueda del destino empezaba a girar.

Por su parte, el padre de Margaretha se olvidó completamente de ella hasta que, algunos años más tarde, descubrió a Mata-Hari. Y como había perdido el arte de hacer
negocios, no podía desperdiciar la oportunidad de benefi-
ciarse de algunas prerrogativas de padre. Intentó aprove-
char la ocasión que se le presentaba sin demostrar el más
mínimo pudor familiar. Si su hija era famosa, ¿por qué no
él? Ella triunfaba en el mundo del arte, y él se veía ya
triunfando en el mundo de las letras. Durante el año 1906
reunió el mayor numero posible de documentos, con los
que pensaba publicar nada más y nada menos que la biografía de la célebre bailarina. Pero el editor, al preguntar a
Rudolph Mac Leod sobre la veracidad de algunos hechos
demasiado extravagantes, presintió que el proyecto sería
un fracaso y lo rechazó.

Lejos de desmoralizarse, Adam Zelle repartió la edición
puerta por puerta y consiguió, a finales de 1906, publicar

La vie de Mata-Hari: la biographie de ma fille et mes doléan-ces à l´égard de son ancien époux, donde las declaraciones más increíbles testificaban que, en materia de mitomanía, el atavismo familiar se revelaba incluso como un destino inevitable.

Una boda de más

De su estancia en La Haya lo ignoramos casi todo, salvo que un día de marzo de 1895, mientras hojeaba el *Het Nieuws Van den Dag*, su mirada se sintió atraída por un pequeño anuncio cuyo texto, que varía según los autores, decía algo así como:

> Oficial de permiso que sirve en las Indias holandesas desearía encontrar una mujer joven de carácter agradable con vistas al matrimonio.

No sabemos en qué momento la Margaretha anterior a Mata-Hari encontró esa fascinación por los uniformes. Tal vez buscaba la figura paterna. Sin pensarlo mucho, decidió probar suerte. Y para no dejarlo todo al azar, adjuntó a la respuesta una foto de su encantadora carita. A pesar de eso, el anuncio no tenía nada de serio y parecía ser más bien una broma.

El oficial en cuestión (Rudolph Mac Leod) ignoraba, efectivamente, que tal iniciativa era obra de uno de sus amigos, el periodista De Balbian Verster. Podemos suponer que la curiosidad ayudó a Mac Leod a decidir abrir las cartas y que la presencia de un cliché fotográfico facilitó el trabajo.

Socialmente, la boda iba a ser para Margaretha un éxito. Afectivamente fue algo totalmente distinto. El militar era algo rudo, y la boda no le hizo renunciar a los abrazos fáciles de jóvenes indígenas demasiado sumisas.

Rudolph Mac Leod era de origen escocés, pero descendía de una rama de la familia establecida en Holanda a principios del siglo XVIII. Su familia había contado con militares importantes, entre los que destacaron uno de sus tíos, general y ayuda de campo del rey Guillermo III, y un primo, que fue vicealmirante. Su padre había sido un modesto capitán de infantería cuyo enlace matrimonial compensó de largo el bajo grado que había alcanzado, ya que se casó con la hija de una familia de la aristocracia local, Dina Louise, baronesa de Sweerts de Landas, nombre prestigioso que ayudó a olvidar la ausencia de dote.

Su hijo Rudolph se alistó como voluntario a los dieciséis años y consiguió escalar rápidamente gran número de peldaños en la jerarquía militar. A los veinte años ya era sargento, y al año siguiente, en 1877, fue ascendido a teniente segundo. Entonces pensó que un ascenso rápido pasaba obligatoriamente por las colonias, de modo que se presentó voluntario para acompañar las tropas coloniales, lo que molestó bastante a su familia. Durante los diecisiete años de servicio ejemplar, Mac Leod adquirió, además de algunas medallas, unos hábitos de vida poco tolerables para una mujer, y menos aún para la futura Mata-Hari.

Además de un carácter bastante difícil, el titular de la Cruz de los oficiales y de la Cruz de Atjeh (que consiguió en la jungla de Sumatra) mantuvo costumbres demasiado desenfrenadas. De Balbian Verster explicó que, poco después de su enlace con Margaretha, el siempre fogoso oficial le pidió una noche que hiciera compañía a su joven esposa, ¡porque «se había citado con dos chicas a la vez»!

Además de estos «pequeños defectos», a la edad de treinta y nueve años sufría ya diabetes y reumatismo articular. Su tercera esposa lo describió como «un soldado de palabra brusca, duro de pelar y avaro; por lo demás, perfectamente leal y de noble corazón».

La descripción no es muy atractiva. Es de suponer que las bodas y los años fueron atenuando su carácter irascible.

Aunque se casó tardíamente, parece que Mac Leod terminó por tomarle gusto a la institución del matrimonio, puesto que se casó dos veces después de su divorcio con Mata-Hari. En lugar de agotarlo, su primera boda le dio alas.

Margaretha, sin duda, tenía prisa por salir de su precaria situación. Entonces ya se sentía fascinada por el encanto de los uniformes y por las promesas de un exotismo que iría en aumento, y al principio no vio ningún defecto en su hermoso oficial. Además, el temperamento volcánico que dio a Mata-Hari su reputación y del que nunca se escondió empezaba a estar en plena ebullición. Así se deja entrever en una carta fechada el 22 de mayo de 1895, dos meses después del pequeño anuncio:

¿Me preguntas si estoy dispuesta a hacer tonterías? Pues bien, Johnie, ¡mejor diez veces que una! No tienes más que pedirme lo que tú quieras, porque de todas formas seré tu mujer dentro de unas semanas. ¿No es una maravilla que los dos tengamos el mismo temperamento fogoso?... Mi amor, me gustaría ponerme todo lo que tú encuentras bonito. La seda rosa me queda muy bien porque soy morena y tengo la tez mate. Seguramente esos camisones son preciosos. Pero, perdona mi ignorancia, ¿hasta dónde tendría que llegar el camisón: por debajo o por encima de la rodilla? Sin duda son muy escotados. ¡Respóndeme y compraré la seda! Y el pantalón, ¿es del mismo modelo que el mío blanco? Tan pronto como lo sepa, me ocuparé de ello. No tengas miedo de que no esté preparada ese día. Llegó exactamente en la fecha prevista, hace ya algunos días, de manera que mañana podemos hacer ya todo lo que tú quieres. Mantén tu amor encendido, tesoro, que yo mantengo el mío, y prepárate para cuando vengas.

Lascivia, impudor, gusto por los vestidos provocadores, por los placeres carnales: hay ya toda una Mata-Hari en esa carta de juventud.

El 1 de julio de 1895 se celebró el acto oficial. Rudolph Mac Leod se casaba en el ayuntamiento de Amsterdam, para lo bueno y para lo malo, con Margaretha Zelle.

Como luna de miel, el achacoso oficial impuso su preferencia por Wiesbaden, una casa de salud que estaba de moda. Mac Leod no era el único militar que frecuentaba el lugar y tuvo que soportar miradas concupiscentes sobre la joven esposa. Margaretha era cortejada con descaro por fogosos oficiales de fiesta, y tuvo que soportar por primera vez los arrebatos de su temible esposo.

Sin embargo, encontró pronto una agradable compensación a esos disgustos diarios, gastando sin pensar el dinero de la casa. Esta temporada de descanso puso en evidencia, además del carácter veleidoso de Mac Leod, la inclinación de su joven esposa al despilfarro.

A pesar de la búsqueda de juventud, el oficial colonial sufría continuos problemas de salud y tuvo que aplazar dos veces su vuelta a las Indias holandesas. Durante este periodo de reposo obligado, Margaretha dio a luz un hijo, el 30 de enero de 1897, quien recibió el nombre de Norman Jon. Y como una buena noticia nunca llega sola, el feliz padre recuperó la salud y pudo por fin embarcarse con su familia, a bordo del *Princesa Amalia*, en dirección a la lejana y exótica Asia.

Tristezas exóticas

Podemos imaginar fácilmente la emoción que producía en Margaretha la idea de ese largo viaje. La atracción por lo desconocido, por la distancia, y la seducción de los aromas exóticos provocaron en el espíritu imaginativo de la futura bailarina una intensa excitación. Pero la realidad iba a ser otra muy distinta. Cuando llegaron a Java, el capitán Mac Leod y su familia se instalaron en Ambarawa, en el centro de la isla. Poco después se marcharon a Tompoeng, donde Margaretha dio a luz su segundo hijo, una niña llamada Jeanne Louise. El nuevo bebé fue apodado Non, del malayo *nonah*, «niña».

En diciembre de 1898, Mac Leod recibió la orden de desplazarse a Medan, en la costa de Sumatra. La distancia del puesto le obligó a dejar a su familia, hecho que, conociendo su carácter y su actitud posterior, no le molestó en absoluto.

Esta marcha repentina, que debía durar en principio unas semanas, se convirtió en un abandono de varios meses. Confiados a la protección del administrador del gobernador, el señor Van Rheede, Margaretha y sus hijos se quedaron sin dinero pero eran copiosamente informados a través de misivas regulares tan largas como talentosas, dado que Rudolph Mac Leod escondía bajo su apariencia grosera un arte epistolar realmente destacable. De hecho, y por suerte para los historiadores, conservaba copia de cada una de sus cartas, aunque algunas se extendían a más de treinta páginas. Desde Medan escribía a su esposa:

> Es algo sorprendente ver esta ciudad con sus edificios de varios pisos y sus calles en perfecto estado: tienen iluminación eléctrica, bellos *tokos* (almacenes) que superan a los de Batavia, bonitos coches tirados por magníficos caballos... Tuvieron que matar 739 perros en dos días debido a una epidemia de rabia.

Mac Leod, que no hacía nada para que su familia se desplazara allí, iba cediendo poco a poco a los celos. En una ocasión, después de leer una carta donde la demasiado cándida Margaretha evocaba sus inocentes encuentros en un atardecer, él contestó, furibundo:

> ¿Quién diablos es este teniente de marina del cual me hablas en tu carta, ese que ha fotografiado a los niños? ¿Y qué es lo que ha venido a hacer a Tompoeng? Tú nunca explicas cosas de este tipo, Greet, y debes comprender perfectamente que, cuando yo leo estas cosas, me pregunto: ¿quién es este tipo y qué viene a hacer en Tompoeng? Tiene gracia, saltas de golpe de las costumbres marinas de Jan Pik y de la naturaleza afectuosa de Fluit a hablar de este teniente, ¡y después ni una palabra más sobre el tipo!

La enorme diferencia de carácter entre los dos miembros de la pareja hacía mella lentamente en su camino. Aunque se encontraba muy lejos de su familia, Mac Leod reinaba a distancia (o al menos así lo creía) en su pequeño mundo. En cuanto a Margaretha, poco a poco iba distanciándose de él y liberándose, también poco a poco, de la tiranía doméstica de su veleidoso marido.

Aunque todavía no se había manifestado, el desacuerdo entre ellos era total. Él deseaba una mujer de su casa, sumisa y que se preocupara poco por sus desenfrenos. Ella, en cambio, se abría a la libertad y soñaba con un gran mundo.

Y en lo que se refiere a las extravagancias, ¡ella le superaría muy pronto! Chocó rápidamente en el reducido microcosmos de la colonia por ir vestida a la moda indígena y dejarse arrullar por evocaciones en las que el colono medio no veía más que superstificiones y vanas argucias.

Para colmo Mac Leod, que seguramente le era infiel, soportaba cada vez peor que su joven esposa, sencilla e inocentemente coqueta, hiciera girar a la gente a su alrededor mucho más de lo debido. Estaba celoso y en mayo de 1899 decidió que su familia fuera hasta donde él estaba. Pero en lugar de apaciguar el mal, el acercamiento amplificó los conflictos. El 27 de junio, el pequeño Norman sufrió un envenenamiento que hizo estallar lo inevitable. Este acto criminal no fue nunca esclarecido, aunque se plantearon muchas hipótesis.

Para unos fue la brutalidad de Mac Leod la causante del drama; para otros, su concupiscencia. En la primera versión, el oficial hostigó al novio de la cuidadora de los niños, quien se vengó intentando envenenarlos. Según la otra versión, los pequeños Mac Leod fueron víctimas de la venganza del amante indígena de la cuidadora, que se veía forzada a soportar los asaltos desconsiderados de su amo. Norman murió a pesar de los esfuerzos de los médicos holandeses.

Con la muerte del pequeño, la ruptura entre los esposos se hizo evidente. Mac Leod acusaba a su mujer de negligencia y Margaretha ya no podía soportar los actos violentos de su marido. Se mudaron a Java, al pueblo de Banjoe Biroe, de atmósfera irrespirable, y esto no hizo más que empeorar la situación. Mac Leod estaba insoportable e incluso, cuando la esposa que él apodaba Greet sufrió en marzo de 1900 una terrible fiebre tifoidea, sólo se preocupó por los gastos de hospitalización.

El 2 de octubre de 1900, Mac Leod, que ya no esperaba alcanzar el grado de teniente coronel, se retiró de la armada y decidió instalarse cerca de Bandoeng. Tal vez se imaginó disfrutando de un retiro bien merecido. El clima era agradable y la vida barata. El problema, en realidad, era no poder contar con Mata-Hari como la mujer sumisa que él quería. Los esposos Mac Leod habían llegado a ese punto en que el odio del día a día hace que la separación sea inevitable. Cualquier nadería se convertía en pretexto para el altercado. Una noche, mientras bailaba, Margaretha saludó a su marido con un amigable «¡hola, querido!», al que Mac Leod respondió con un «¡vete al infierno, sucia puta!».

Se insultaban duramente todos los días. El oficial retirado trataba a su esposa de «perversa insoportable», «tonta» y dotada de «la naturaleza totalmente depravada de un canalla».

Margaretha, por su parte, acusaba al marido de crueldad, avaricia y adulterio. Siendo ya Mata-Hari la gran sacerdotisa del desnudo europeo, declaró con énfasis que su marido estaba siempre tan celoso que la amenazaba muchas veces con desfigurarla para que nadie pudiera fijarse en ella. Una situación aún más dramática se produjo una noche cuando su marido, «obedeciendo un impulso feroz, me arrancó de un mordisco el pezón izquierdo y se lo tragó. Por esta razón no he enseñado a nadie, desde entonces, mi torso completamente desnudo».

Estas fantasías completamente mataharianas, de las que volveremos a hablar, no deben hacernos olvidar el contexto de la época. Paradójicamente, en la querella que la enfrentó durante largo tiempo a su esposo, no parece que Margaretha estuviera en desventaja.

Un médico que los visitaba dijo incluso que, durante el año y medio que él había estado en relación con los Mac Leod, la conducta de la señora Mac Leod, a pesar de los violentos insultos que sin remedio tenía que soportar en público por parte de su marido, fue siempre perfectamente correcta. Añadió que incluso había llegado a pensar que «Margaretha Zelle habría podido ser una esposa perfecta y una buena madre si su marido hubiera sido un hombre más equilibrado y más sensible. Su boda con Mac Leod, hombre irritable y encolerizado, estaba condenada al fracaso».

La suerte estaba echada. Margaretha, perdida por el campo javanés, soñaba tanto con París que su marido le dijo un día: «¡Dios mío, si deseas tanto ir a París no tienes más que largarte y dejarme tranquilo!».

A pesar de todo siguieron juntos, y en marzo de 1902 el matrimonio Mac Leod viajó a Europa, no para ir a la capital francesa sino para instalarse en Amsterdam. Poco tiempo después, Rudolph abandonó el domicilio conyugal y Margaretha aprovechó la ocasión para pedir la separación, que se dictó en agosto de 1902, otorgándole una pensión mensual de cien florines y la custodia de su hija. Estas cláusulas nunca fueron respetadas por Mac Leod, de manera que Margaretha se decantó pronto por una vía poco ordinaria.

Sin embargo, volvió a Europa más marcada que nunca por su estancia en las Indias y, pese a los recuerdos oscuros, se forjó un pasado exótico, a su gusto, al que ningún periodista digno de ese nombre se supo resistir.

Antes de la audacia

La «pasión» que le esperaba en París durante su estancia en Indonesia tardaría todavía algún tiempo en concretarse. Tuvo que transcurrir un año para que Margaretha dejara su Holanda natal y partiera a la conquista de la capital francesa.

No sabemos casi nada de esta época, aunque algunos relatos apócrifos dan a entender que la «revelación» del desnudo data de este periodo. Margaretha, que todavía no había encontrado su vocación de bailarina, buscaba manifiestamente su camino y creyó encontrarlo en la profesión de modelo. Inspirar a un pintor y ser fuente de su

EL DESTINO DE NON

Cuando se separó de su marido en agosto de 1902, Mata-Hari obtuvo del tribunal de Amsterdam la custodia de su hija y una pensión mensual de cien florines. Pero Mac Leod no acató nunca la decisión de la justicia y, al elegir una carrera de bailarina en París, Mata-Hari le facilitó las cosas. Cuando ella reaccionó era ya demasiado tarde. Sólo volvió a ver a su pequeña alguna vez después de sus triunfos parisinos. Pero para entonces, la niña ya se había olvidado de su madre.

En 1912 Mata-Hari, que entonces se encontraba en la cresta de su popularidad, intentó llevársela con la ayuda de su fiel Anna, pero la vieja sirvienta falló en su intento a causa del miedo. En 1914, cuando estaba instalada en Amsterdam, intentó de nuevo ver a Non, pero acabó renunciando ante las dificultades que su marido le creaba. Después de la ejecución de su madre y de su boda en Holanda, Non tuvo que partir «como institutriz a las Indias holandesas».

La iniciativa no acabó bien. Non murió en su cama, el 10 de agosto de 1919, de una hemorragia cerebral, con tan sólo veintiún años. La hija no siguió nunca (ni siquiera en parte) el camino de su madre.

genio, asistir a los meandros de la creación podían ciertamente fascinar a un espíritu tan fervoroso como el de Margaretha.

El camino era muy ambicioso, pero la experiencia se encargó de acortarlo. Aun así, sabemos a través de Guillaumet cómo hizo su debut en el mundo del arte la diva preferida de París. Se presentó en los talleres del pintor, quien más tarde relató su primera conversación:

—Me gustaría trabajar como modelo.

—Está bien, le dije yo. Muéstreme su cuerpo.

—¡Oh, no! Sólo quiero posar de cabeza. Soy la viuda de un coronel muerto en las Indias, tengo dos hijos y me encuentro sin medios para educarlos.

—En ese caso, como es bonita no le será difícil encontrar algunas sesiones con su cara; pero le pagarán mucho menos que si consiente en posar desnuda porque, según las apariencias, debe estar muy bien formada. De todas maneras, no voy a insistir.

La señora Mac Leod se lamentó entonces del sacrificio, para ella terrible, del pudor; de la ofensa que esto constituía por el gran nombre que ella llevaba, etc. Pero cuando yo le dije que hiciera lo que quisiera, ella se desnudó bruscamente. Fue así como pude ver, en la cruda luz del taller, sus bonitas espaldas, sus bellos brazos, sus preciosas piernas. Pero, ¡qué pena, tenía el pecho marchito! Esto explicaba por qué usaba siempre esas pechinas de metal como inseparable sostén.

El relato, aparte de reducir a nada la historia del pezón arrancado, muestra que, desde su primera estancia en París, Mata-Hari poseía un talento para la invención que debió de ir en aumento. En realidad, le faltaban algunos atractivos apreciados por los pintores de la época. Con su pecho «marchito», no podía rivalizar con esas mujeres de formas opulentas tan valiosas para Renoir y tantos otros. Después de sufrir otros fracasos en el mundo de la pintura, tuvo que enfrentarse a la evidencia. La gloria no se conseguiría con la apariencia pasiva de la modelo. Y tuvo que tomar la decisión de atacar.

Habiéndose instalado varios días en Nimègue, llegó primero a Amsterdam y después a La Haya. Por todas partes vivía el mismo fracaso, la misma incomprensión, el mismo rechazo. Su familia no le resultaba de ninguna ayuda y acabó por darle la espalda. Sólo le quedaba una alternativa. Conquistar París. En algunos meses, sus deseos se realizarían.

¿En qué momento esta mujer que buscaba su camino encontró el detonante que cambió irremediablemente el curso de los acontecimientos? ¿Cuándo y cómo la joven holandesa tuvo la revelación? ¿A partir de qué momento Mata-Hari cogió el puesto de Margaretha y la oruga se convirtió en mariposa? ¿Fue un hombre de circo, como afirma Waagenar, el verdadero desencadenante de esta transformación?

En 1904, Margaretha volvió a París con «cincuenta céntimos en el bolsillo y sin dudarlo dos veces, fue a instalarse en el Gran Hotel». ¿Verdad o mentira? Qué importa, el éxito estaba allí.

De vuelta en los márgenes del Sena, se decantó por la única actividad en la que podía demostrar algún talento: montar a caballo.

Encontró sin dificultad un puesto de trabajo en una escuela de equitación de la calle Benouville dirigida por un tal Molier. Allí mezcló rápidamente la equitación y la acrobacia, antes de asociarlas a las representaciones de danza. Colette, sin duda testigo de sus evoluciones en el mundo de los caballos, explicó años más tarde:

> Montada sobre un caballo blanco creaba otro tipo de danza.

El autor de *Claudine* dijo también:

> Ella aún no bailaba, pero sabía desnudarse progresivamente y mover su largo cuerpo moreno, delgado y confiado. Llegaba casi desnuda a sus recitales, bailaba apenas con la mirada hacia abajo y desaparecía envuelta en sus velos.

¿Fue en el circo Molier donde la futura Mata-Hari tomó consciencia del poder irresistible de la desnudez haciendo de amazona ligera de ropa? En la época del desnudo arqueológico y vulgar, esto no tendría nada de sor-

prendente. Su temperamento imaginativo sería el que prepararía este descubrimiento.

Nada era para ella más fácil. Le bastaba con abrir la carpeta de sus recuerdos coloniales. Disponía de un valiosísimo material que subrepticiamente todavía no había florecido. El atractivo de lo desconocido, un exotismo tentador mezclado con un erotismo latente sabiamente dosificado no podía más que atraer a un público que sólo quería dejarse embriagar. Una vez que lo hubo descubierto, abandonó rápidamente el caballo en favor de acrobacias menos peligrosas para el cuerpo y ciertamente mucho más excitantes para el espíritu de los hombres.

Aunque le debió costar, la decisión estaba tomada. Puesto que ella no podía inspirar talento quedándose quieta, suscitó entusiasmo con el movimiento. Decidió ser a la vez actriz y dueña de su cuerpo. El movimiento se convertiría en desnudo, y el desnudo en instrumento de conquista.

Con el tiempo y el éxito de su parte, siguió teniendo pretensiones de bailarina. Y probablemente también sin ilusión. Efectivamente, muchos años más tarde confió al pintor Piet Van der Hem que:

Yo nunca he sabido bailar bien. La gente venía a verme porque fui la primera en tener la audacia de exhibirme en público completamente desnuda.

Este «precioso desnudo», vulgarmente conocido desde entonces como *strip-tease*, iba a tener un buen futuro. En cuanto a su iniciativa, fue paradójicamente un registro muy diferente el que dejaría su nombre a la Historia.

CAPÍTULO 3

Ha nacido una estrella

El camino estaba ya trazado. Lo único que le hacía falta ahora era un nombre artístico. Y también en esta cuestión se revelaba lógico y juicioso utilizar el recurso de Oriente. La estancia de Margaretha en Indonesia, su curiosidad insaciable y su capacidad para familiarizarse con el medio indígena le permitieron, sin duda, adquirir nociones de la lengua malaya.

Éxito triunfal

En todas las lenguas existen palabras de referencia que se convierten, a la larga, en una total banalidad, incluso para las personas de habla extranjera. El Sol, *Mata-Hari*, «el ojo del día» en malayo, pertenece indudablemente a esta categoría de palabras.

Waagenar ha podido establecer que, mucho antes de su retorno a Europa, Margaretha Zelle había utilizado ya este seudónimo en una de sus cartas dirigidas a sus amigas que se quedaron en el país, donde ella decía haberse convertido en bailarina bajo este nombre. Pero lo más pruedente es no hacer demasiado caso a las afirmaciones que se propagaron después de esto.

Desde luego, no fue Émile Guimet quien creó el nuevo patronímico de Margaretha, puesto que su invitación del 13 de marzo de 1905 llevaba el nombre de Lady Mac Leod y no el de Mata-Hari. Presentar a una bailarina indonesa con un extraño nombre malayo habría sido de una gran ignorancia.

El descubrimiento de un nombre y la revelación de una costumbre, la reminiscencia de un pasado y las influencias más modernas iban a concurrir en el surgimiento de una nueva estrella bajo los auspicios de la más brillante de todas, Mata-Hari, es decir, el Sol.

París era entonces una ciudad deseosa de pasión, y reservaba a la bailarina una fervorosa acogida. Fue en el salón de la señora Kiréevsky donde Mata-Hari dio la gran sorpresa. Esta era una cantante muy bien situada en el mundo parisino que organizaba regularmente espectáculos de beneficencia. En su casa, Mata-Hari representó un juego de «velos envolventes y después retirados, junto con cierta incitación a la picaresca» que consiguió todos los aplausos. El triunfo fue fulgurante.

El 4 de febrero de 1905, Londres empezó a oír hablar de «una mujer venida de Extremo Oriente que se entregaba a Europa cargada de perfumes exóticos y joyas para dispensar las riquezas vivas y coloristas de Oriente entre la hastiada sociedad de las ciudades europeas».

Todos los salones privados de París se quitaban de las manos a Lady Mac Leod. Algunos se preguntaban por el estilo de «esta bailarina desconocida que llega de lejanos lugares». Un periodista del *Courrier Français* pensaba que ella era «una persona que resulta curiosa cuando no se mueve, pero aún más cuando se mueve».

Pero lo más importante es que suscitaba curiosidad incluso antes de que nadie la viera, y provocaba pasión una vez que la veían. El 13 de marzo de 1905 fue el día señalado para su consagración total. Bailó en el templo del saber oriental, en el museo Guimet, delante de un grupo de oficiales que sucumbieron irremediablemente a su atractivo y a su gran poder seductor. La representación le procuró, además de una cantidad considerable de fervorosos incondicionales, la bonita suma de mil francos, en una época en que un trabajador medio ganaba cinco francos diarios.

A esta actuación le siguieron más de treinta representaciones, en las que la distinguida Lady Mac Leod fue abandonando lentamente sus velos para convertirse en la misteriosa y definitivamente oriental Mata-Hari. A la mañana siguiente, el 14 de marzo, las críticas habían traspasado ya los muros del teatro, y el concierto de elogios no cesó. Édouard Lepage dijo entusiasmado:

> De repente apareció Mata-Hari, el Ojo del Día, el Sol glorioso, la bailarina sagrada que sólo los sacerdotes y los dioses pueden presumir de haber visto. Es alta, delgada y ligera, como esas serpientes que se desenroscan y salen de sus cestas al ritmo de la flauta de los encantadores; su cuerpo flexible podría confundirse con las ondulaciones de una llama y a veces se queda detenida y se contorsiona, como la lámina afilada y resplandeciente de un puñal malayo. Entonces Mata-Hari, con un gesto brutal, arranca a la vez sus ornamentos y rompe todos sus velos. Arroja a lo lejos las joyas y adornos que ocultan sus senos y después, desnuda, desmesuradamente crecida y blanca, se estira inmensamente frente a las tinieblas. Sus brazos extendidos la elevan sobre la punta crispada de sus pies; se tambalea, gira, remueve el vacío con sus brazos desamparados, azota la impasible noche con sus largos cabellos pesados... Y cae.

El 15 de marzo, de nuevo bajo la iniciativa de la señora Kiréevsky, bailó en beneficio de la Cruz Roja rusa. Allí estaba lo mejor de la aristocracia francesa y rusa, y todos los presentes se enamoraron irremediablemente de los efectos de sus velos.

Entre unos decorados minuciosamente preparados, Mata-Hari hizo enloquecer a todos los que se congregaban en las reuniones privadas de la capital. Después bailaría en casa del barón Henri de Rothschild, en el Círculo Real y en el Gran Círculo.

Todos la quieren, se la disputan.

La noche de su actuación en casa de Cécile Sorel recibió una invitación para bailar en «un magnífico invernadero lleno de las plantas y las flores más raras del mundo», en casa de Gaston Menier, el «rey del chocolate». Y el día 19 de mayo actuó en casa de los Menier, quienes sucumbieron irremediablemente a su encanto oriental. El maestro chocolatero era también fotógrafo e inmortalizó este acontecimiento. Un tiempo más tarde enviaría a Mata-Hari una carta acompañada por minúsculos clichés en los que se sospecha una desnudez tan probada como deliciosa. Menier demostraba maravillosamente en esta carta el fervor que animaba a los admiradores de la bailarina:

> Querida señora:
> No he olvidado, créalo, la promesa que le hice de enviarle la fotografía que realicé en el invernadero cuando tan deliciosamente bailó usted en mi casa aquella noche; le envío una copia que tengo. A usted le hará recordar una de sus muchas veladas, pero para mis invitados y para mí será el recuerdo de una fiesta de arte ideal, en la que usted representó la verdadera belleza clásica. Las pequeñas fotografías que le envío pegadas en el dorso describen mucho mejor que las palabras la impresión que dejó su bella aparición, comparable a un sueño oriental.
> Por mi parte, estoy encantado de haber contribuido a iluminarla y encuadrarla junto a objetos de arte que según me han dicho acompañan siempre, como lo merecen, las líneas de su admirable cuerpo.

El único obstáculo a esta admiración fue un artículo del *Echo de París* donde se afirmaba que las transformaciones de la tan de moda nueva ninfa de París «no son de un interés ni de una perfección tan emocionantes».

Esta indirecta quedó ahogada por la gran cantidad de elogios porque la bailarina, en lugar de asfixiar a sus incondicionales con la monotonía, sabía dirigir el espectáculo, dosificar su entrega y calibrar sus efectos.

En casa de la condesa de Loysne, donde la esperaba un buen grupo de academicistas, se presentó con muchos más velos de lo que era habitual en sus representaciones, y aquellos que estaban allí buscando sensaciones fuertes, en esta ocasión perdieron el tiempo. En cambio, en el Círculo artístico y literario bailó «desnuda de pies a cabeza, tan desnuda como Hassan de Musset, como cuando vino al mundo, como Eva, sin otra hoja de parra que una ilusoria joya de oro».

Muy pronto, estos éxitos intimistas no le resultaban suficientes. Mata-Hari empezó a soñar con una carrera más importante, más gloriosa. Entre los numerosos hombres que la rodeaban estaba un abogado, el maestro Clunet, que la cortejaría hasta el último momento. Atraído por ella en extremo, le ofreció una carta de recomendación para uno de los empresarios más reconocidos de París, Gabriel Astruc.

Antes de dársela a conocer a Chaliapine y Diaghilev, Astruc aceptó ser el agente de Mata-Hari y la asociación entre el empresario y la artista se selló con un contrato. Mata-Hari no tenía de qué quejarse porque, poco después, su agente le abría las puertas del Olympia de París con un magnífico caché de diez mil francos franceses. Por fin la bailarina consiguió entregarse al gran público.

El éxito fue revelador, mucho más de lo que se esperaba, colosal. En el plano financiero llegaba, además, en el momento justo, porque el tren de vida de Mata-Hari había tendido a crecer con el tiempo y el dinero que había ido consiguiendo en los círculos privados parisinos no le permitía en absoluto costear sus considerables gastos. En cuanto a las críticas, no se oían más que palabras que sacralizaban a aquella diva que conseguía volver locos a todos los hombres de París.

Después del triunfo en el Olympia, Astruc encaminó a su protegida hacia el extranjero, y le consiguió un contrato de dos semanas en España.

Se anunciaba para ella una brillante carrera internacional. En el Central Kursaal de Madrid su espectáculo «discretamente voluptuoso» recibió una acogida sin precedentes. Pero los españoles se sintieron frustrados, debido a la presencia en escena de unas medias que cubrían demasiado los atractivos de aquella bailarina oriental cuya reputación había atravesado los Pirineos.

En España, Mata-Hari se encontró con el éxito y también con un viejo amigo, Jules Cambon, embajador de Francia en Madrid. Este diplomático sin igual, que jugó un papel importante en las relaciones internacionales de la época, le fue fiel hasta el final de su vida.

Estando en Madrid Astruc le comunica lo que podría considerarse como el mayor logro de su carrera, su participación en el ballet *Le Roi de Lahore*, de Jules Massenet. En efecto, el diligente empresario acababa de firmar un compromiso en la Ópera de Montecarlo. Sin ninguna duda, esto significaba la consagración para Mata-Hari. Así dejaba por fin de ser una aficionada de salón para entrar de lleno en el mundo de las grandes profesionales.

El 17 de febrero de 1906, en compañía de una bailarina muy conocida, la señorita Zambelli, y de la cantante americana Geraldine Farrar, bailó, de verdad, en el tercer acto.

A la artista le pareció que había dado el paso definitivo. Podía soñar con abandonar definitivamente los sensuales efectos de los velos y de la desnudez. Puccini le enviaba flores, Massenet la adulaba. Su carrera ya estaba definida, se anunciaba una nueva gloria clásica. Claro que en estas ilusiones la bailarina no estaba teniendo en cuenta las equivocaciones que podía cometer una mujer enamorada.

Intermedio amoroso

Mata-Hari fue una artista tardía, autodidacta de fe, y no entendió nunca que, para un artista de verdad, el arte está por encima de todo. En particular, de los sentimientos. Sin embargo, Mata-Hari era una mujer enamoradiza. Era carnal, trágica, definitiva. La pasión amorosa la arrastró varias veces hasta el punto de dejarse llevar por sus impulsos. Podía declarar que llevaba «la danza en la sangre» y simultáneamente confesar que «una perspectiva más brillante estaba a punto de dibujarse para ella en el horizonte» (quizás una solicitud de matrimonio de algún conde, un oficial ruso «agregado a la casa del gran Duque Michel»).

Además de una clara fascinación por todo aquel que llevara uniforme, Mata-Hari demostró durante toda su vida una atracción especial por los aristócratas, gustos que a veces iban a la par.

Pero este anuncio atronador era la prueba de que, para ella, la danza no estaba por encima de todo. Olvidaba sus proyectos tan pronto como los creaba, se dejó arrastrar a Berlín cuando triunfaba en Montecarlo por culpa de un guapo teniente, nada más banal. Además, era alemán, circunstancia que a la larga le resultaría muy peligrosa. El mi-

ISADORA DUNCAN (1878-1927)

Esta bailarina americana bautizada como «la Venus de Milo» se educó fuera de las reglas tradicionales. El mundo la descubrió a partir de la Exposición Universal de 1900; después de su encuentro con Loïe Fuller en Berlín, fue de éxito en éxito con El Danubio azul o las danzas zíngaras. Isadora Duncan llevó una vida tumultuosa, fue bailarina y, asimismo, directora de la compañía. Fue la musa de grandes nombres del mundo del arte, pero sobre todo fue una gran embajadora de la condición femenina de su época, que proclamaba sin dudar: «Vestíos con sencillez, andad sin coacción y cuidad de vuestra salud, puesto que no sois esclavas de nadie, ni siquiera de vuestros maridos; expresad libremente, mediante el arte, vuestras emociones más profundas».

litar era un oficial de los húsares que pertenecía al segundo regimiento de Westphalia y, además, era un opulento terrateniente. Su nombre era Alfred Kiepert. La instaló en Berlín, en el número 39 de Nachodstrasse.

Del 9 al 12 de septiembre de 1906, Mata-Hari asistió en Jauer Streigau, en Silesia, a las maniobras de la armada imperial alemana.

Llegado el momento, los acusadores franceses no olvidarían evocar sus vínculos con Alemania. Aunque Waagenar demostrara, con una lógica aplastante, que espiar para el Reich era una actividad que se podía llevar a cabo de una forma mucho más eficaz desde París que desde el mismo Berlín, su estancia en esta ciudad le llegaría a pesar bastante. El episodio amoroso duró más o menos un año, ya que Kiepert estaba casado con una bella húngara. A lo largo de este año sabático, Mata-Hari mantuvo correspondencia con Massenet, a quien había pedido de todo corazón que le escribiera un ballet, a lo que él contestó «muy orgulloso por su proposición, pero le pido disculpas por estar en plena fiebre de trabajo durante tantos meses».

A falta de ballet, el compositor le ofreció «una introducción para la Ópera de Viena». La bailarina se marchó a la capital de Austria después de informar a Gabriel Astruc, el 29 de agosto de 1906, de que había sido contratada desde Londres para un trabajo de pantomima. El proyecto no se llevó a cabo, pero Margaretha se presentó igualmente en Viena, a finales de año, con los informes de Massenet. A pesar de todo, la reputación del compositor no era tan importante como para conseguir que Mata-Hari cambiara su trayectoria, de manera que tuvo que volver al género del espectáculo que tan famosa la había hecho el año anterior en París.

Como hizo en Francia, en la capital austriaca la bailarina dosificó hábilmente los efectos eróticos de sus representaciones. Un día aparecía completamente desnuda y, al siguiente, cubría sus encantos casi por completo. Pero en Viena los efectos de los velos no tuvieron tanto éxito. En la capital austrohúngara este tipo de espectáculo no tenía nada de novedoso, puesto que Mata-Hari había estado precedida por bailarinas americanas como Isadora Duncan y Maud Allan. La competencia era muy fuerte.

Bajo ningún concepto quería Mata-Hari dejarse desposeer de lo que ella creía que era su herencia, y fue a por todas. La «guerra del desnudo» estaba declarada. La prensa vienesa se hizo eco de esta lucha encarnizada.

«Vestida» con un exotismo oriental a toda prueba, rozó muy pronto la provocación. Se convino que «ese cuerpo, formado como si fuera una obra de arte y que se mueve con gestos llenos de encanto suave y sacerdotal, es inmensamente provocativo». Aun así, la iniciativa tuvo éxito. El frenesí se esparció por el Danubio y se proclamó:

¡Isadora Duncan ha muerto, larga vida a Mata-Hari!

Pero el triunfo vienés no fue más que otro paréntesis en una carrera que hasta entonces parecía bastante superficial. A finales de enero de 1907, Mata-Hari estaba de nuevo en Marsella para embarcarse en dirección a Egipto. Se quedó casi dos meses a la sombra de las pirámides antes de volver a Europa. Insaciable, versátil, había retomado su búsqueda no se sabe de qué falso exotismo. A Gabriel Astruc le escribió:

Pienso volver a retomar las danzas clásicas, pero desgraciadamente todo lo que es bonito ha desaparecido y no quedan nada más que bailes insignificantes y sin gracia alguna.

Decepcionada por no haber podido encontrar un Oriente que probablemente no había existido jamás, volvió de nuevo a la capital de las artes y las letras. París estaba destinada a vibrar de nuevo con un espectáculo de inspiración oriental, la Salomé de Richard Strauss. Mata-Hari, que no había renunciado a sus pretensiones de «bailarina estrella», se entusiasmó con el proyecto que Astruc le anunciaba en el teatro de Châtelet y le escribió:

> La música de Strauss es poderosa y yo tengo ganas de crear y de interpretar este pensamiento de la danza que es el punto débil de la ópera. Una danza mal bailada rompe cualquier buen efecto.

Pero el empresario no estaba de acuerdo con ella: ¿juzgaba tal vez la ambición de Mata-Hari en un registro que no era el suyo? ¿Pensaba que ella no se preocuparía lo suficiente por estar sobre el escenario o la creía demasiado aficionada? Simplemente fue él quien le negó el papel.

Mata-Hari, ofendida sin duda, fue a consolarse entre los brazos de su teniente alemán y una vez más se olvidó de París. Terminó el año 1907 en Berlín.

Esta decisión ilustra la falta de constancia en su carrera y el lado ensoñador de sus sentimientos. Mata-Hari no renunciaría nunca a un amor o a un placer por una virtud estética a la que nunca se acostumbraría aunque la alcanzara.

A principios de 1908 volvió a París consolada, fortalecida de nuevo con la certeza de su talento. Para ocupar el lugar que le correspondía, se instaló en el Hotel Meurice y anunció su retorno a la danza a un gran número de periodistas. Había estado viviendo «dos años de viaje y placer, y visitando Egipto y la India con motivo de una cacería», pero volvía con tres nuevos bailes entre los que destacaba *La leyenda de la rosa*.

El 1 de febrero, en la sala Fémina de los Campos Elíseos, contaba con seducir de nuevo al público parisino.

Sin embargo, en el transcurso de los dos años siguientes no hizo más que tímidas apariciones públicas en el Trocadero y en Houlgate. Mantuvo así su lugar en el mundo del arte y el espectáculo ofreciendo «recitales de lujo» delante de un público rico que era su ferviente admirador.

Mata-Hari fue pasando alternativamente de cortesana a bailarina, pero siempre fue su corazón el que dirigía sus pasos, mientras que la danza siguió estando en segundo plano. Generosamente mantenida por un abanico de amantes, visitaba con más frecuencia las carreras que los teatros de moda y no dejaba de provocar habladurías. En Longchamp se la recuerda vestida «con un sensacional vestido ceñido de terciopelo fino, de un azul viejo, decorado con chinchilla».

A principios de 1910, la carrera de la bailarina parecía volver a ascender. El más talentoso director de teatro de París, André Antoine, decidió ofrecerle un papel en *Antar*. Esta obra de Chekri Ganem evoca una Arabia de leyenda y el tercer acto se basa únicamente en un ballet bailado por una sola persona, Cleopatra.

El espectáculo debía representarse en Montecarlo antes de ser exhibido en París. Para el papel de la reina de Egipto, Antoine había pensado en Mata-Hari.

El estreno de la obra tuvo lugar en enero, como se había previsto. Una vez más, la prensa consideró unánimemente que Mata-Hari daba «un espectáculo de una belleza sucesivamente sonriente, mística y temible».

Pero el director de teatro estaba muy lejos de tener la misma opinión. Cuando se tuvo que volver a montar el espectáculo en París, Antoine declaró que Mata-Hari había tenido, por su «carácter orgulloso», que ser despedida. Es casi seguro que las menudencias que se le reprocharon a la bailarina no fueron más que un pretexto.

En realidad, el mal era más profundo. Era al talento mismo de la artista al que Antoine atacaba. Mata-Hari, poco habituada a este tipo de trato y, sin duda, terriblemente tocada en su amor propio, contraatacó y persiguió al director por medio de la justicia. Sus pretensiones eran desorbitadas: reclamaba tres mil francos en concepto de paga y cinco mil francos por daños y perjuicios.

El litigio duraría dos años. La bailarina obtuvo «quince días de paga, a razón de doscientos francos por actuación». Por lo demás, el juez estimó que «el secreto irreverente de una bailarina que expone generalmente al público su espléndida desnudez no tiene suficiente consistencia jurídica».

Este fracaso demasiado notorio afectó a Mata-Hari mucho más de lo que se podía suponer, ya que la «culminación» de su carrera terminaba con un desaire importante. Podemos imaginar que el rumbo que había tomado su vida, lleno de emociones sentimentales, influyó en su desaparición momentánea. Este ser de carácter fluctuante, fascinado por los destellos de la fama, se retiró, por así decirlo, del mundo.

Gracias a Sam Waagenar sabemos hoy que el retiro de Mata-Hari se produjo en un lugar situado en Indre-et-Loire, en Esvres. La bailarina residió, efectivamente, en el castillo del pueblo «desde la primavera de 1910 hasta finales de 1911».

La instaló allí un tal Xavier Rousseau, un banquero del estado descrito por los hijos de la propietaria del castillo, la condesa de La Taille Tétrinville, como un «hombre honesto y serio» y en posesión de una buena cantidad de dinero. Se había casado en segundas nupcias con una Van

Zellen, viuda a su vez de un inglés, Lord Mac Donald, antiguo gobernador de las Indias.

Pero la descendiente de los Van Zellen mantenía su estancia habitual en París y «la señora Rousseau» del castillo de La Dorée no era otra que Mata-Hari. Una Mata-Hari muy enamorada, hasta el punto de encerrarse durante casi dos años en las profundidades de la Touraine, sin comodidades (la residencia no tenía ni cuarto de baño, ni agua corriente, ni gas ni electricidad).

Durante el tiempo que residió en el castillo, la bailarina no veía a Rousseau más que el fin de semana. Pero esos fines de semana de pasión parecían ser suficientes para la felicidad que el poderoso banquero le ofrecía, adaptado a las extravagancias de Mata-Hari: en la habitación de la nueva dama del castillo reinaba una inmensa cama «encaramada sobre una plataforma»; además tenía «cuatro caballos magníficos en las caballerizas, y estas estaban a su vez tapizadas de terciopelo rojo, una verdadera joya». Según la sirvienta del castillo, «entre Mata-Hari y el señor Rousseau todo iba bien. No se peleaban nunca y montaban a caballo juntos durante el día».

Se cuenta incluso que ella llegó a seducir a su «suegra», enviada por la esposa del banquero en función de emisaria para obtener una ruptura entre ellos, como recuerda una de las sirvientas:

> La señora Rousseau madre fracasó en su contienda. Desde el mismo instante en que conoció a Mata-Hari sintió una gran amistad por ella y se quedó con nosotros más de seis meses. Cuando se fue, Mata-Hari había ganado; se había convertido en la señora de la casa.

Mata-Hari no sólo sedujo a su suegra sino también la cuenta en el banco de su amante, que le compró una bonita vivienda en el número 11 de la calle Windsor, en Neuilly. Sus favores, aunque destilados con pasión, eran pagados con dinero contante y sonante. Bajo la amante destacó siempre la cortesana y, cuando los fuegos del amor se apagaban, su posición de debilidad siempre volvía a surgir.

El canto del cisne

A finales de 1911, Mata-Hari empezó a volar con sus propias alas. Astruc fue la primera persona informada de este nuevo vuelo. Consciente de todas maneras de que sus ausencias repetidas podían suponer un retorno arriesgado, creyó prudente buscar un mecenas. El 8 de febrero de 1912, escribió a Astruc:

> ¿Cuenta a su alrededor con algún amigo rico que se interese por proteger artistas, o un capitalista que quiera hacer un negocio?
>
> Yo estoy preparada y sólo necesito urgentemente unos treinta mil francos para poderme lanzar con las espaldas cubiertas, cosa tan necesaria en una profesión como la mía. En garantía de este préstamo, yo daría todo lo que tengo en mi hotel, incluidos los caballos y los coches.

Aunque los cabos estuvieran bien atados, no era suficiente. La bella cortesana estaba arruinada. Una vez más, Astruc ayudó a la bailarina consiguiéndole un contrato en la Escala de Milán. La hora de una segunda consagración parecía haber llegado.

Bailó por primera vez en el quinto acto de *Armide*, donde realizó su famoso numero de «La princesa y la flor mágica». El 4 de enero de 1912 apareció como Venus en *Bacchus et Cambrinus*.

La reacción de la prensa italiana fue simplemente moderada. Tanto para el *Corriere della Sera* como para el *Lombardia*, lo que caracterizaba por encima de todo las representaciones de Mata-Hari era la lentitud. El *Uomo di Pietra* declaró, con más dureza:

> Puesto que hay tantos actores que saben bailar, la Escala hubiera podido traer una bailarina que supiera actuar.

En cuanto a Mata-Hari, convencida de su triunfo ya antes de la representación, después ignoró las evidencias y también se persuadió de que había triunfado. Escribió a Astruc:

> Todos los periódicos han sido unánimes al proclamar que soy una Venus ideal. Hago el papel de Venus con mis propios cabellos, es decir de color oscuro. Se han sorprendido, pero yo les he explicado que Venus tiene una personalidad abstraída, que ella es la hipérbole de la belleza y que, por tanto, puede muy bien ser morena, rubia o pelirroja, y me han dado la razón.

Después de su «éxito» en Milán creyó poder tener un papel en los ballets rusos de Diaghilev. De paso por Montecarlo cuando volvía a Italia vio al maestro, quien consintió, ante el estupor de Mata-Hari, en hacerle una audición.

Pero Diaghilev no había precisado la fecha y frente a la evidencia de que el cuerpo de Mata-Hari no tenía el calibre de bailarina de ballet ruso, fue dejando pasar la cita. Diaghilev no se atrevía a decírselo, aunque estaba convencido de ello e iba tergiversando los hechos. Después de la humillación de un desnudo delante del decorador, lo abandonó. Pero su decepción fue muy profunda.

Decidió entonces tentar la suerte en Berlín, aunque tenía aquella ciudad en baja estima. Durante el verano de

1912 estuvo con Jules Cambon, a quien había vuelto a ver en Madrid. Cambon, que entonces era embajador a las órdenes de Guillermo II, intentó en vano ponerla en contacto con el superintendente del Teatro Imperial de Prusia, el conde Georges Von Hülsen.

El sueño berlinés no tomó nunca forma y Mata-Hari estuvo participando en colaboraciones más modestas. A pesar del limitado éxito, está demostrado que seguía alimentando las crónicas mundanas, puesto que el más insignificante de sus gestos era descrito por la prensa.

El 9 de octubre recibió a mucha gente en su casa de Neuilly, donde interpretó *La danza de la flor mágica* acompañada de su orquesta, que dirigió un tal Inayat Khan, entronado para la ocasión como «maestro de música del maharadjah de Hyderabad».

El 14 de diciembre participó en la «Université des Annales», organizada por el crítico musical Paul Olivier.

Pero las necesidades financieras de la bailarina eran inversamente proporcionales al número de sus representaciones. Cuando no le quedó otro remedio que admitir su desastrosa situación económica, Mata-Hari se declaró dispuesta a hacer cualquier concesión. El 20 de febrero de 1913 escribió a Astruc:

> Ponga el precio que quiera. Si ve que mil francos son demasiado, pida en cualquier parte seiscientos.

La hermosa dama estaba desesperada y el público se dejaba. Se vio casi obligada a aceptar cualquier papel. Primero, la comedia musical, donde hacía una aparición en *Le Minaret* de Jacques Richepin, dirigido por Cora Laparcerie. Después, en el Folies Bergère, el colmo de la degradación, actuó el 28 de junio en *La Revue en chemise*, donde recibió, a pesar de todo, una ovación digna de las más grandes estrellas.

En septiembre tocó fondo con su actuación en el Trianon Palace de Palermo, un «café teatro cine» donde tuvo que actuar dos veces al día durante dos semanas a la cabeza de un programa de diez números entre proyecciones de cine e incluso un espectáculo de perros adiestrados.

Los éxitos fueron sólo pasajeros y en espectáculos de segundo orden. Mata-Hari continuaba soñando, puesto que tenía un talento que ella consideraba cercano a la genialidad, con teatros prestigiosos y triunfos espectaculares. Se encerró dentro de su torre de marfil y multiplicó las confidencias agridulces. Jugó el papel de la mujer incomprendida, de la diva abandonada. A Eugène d'Aubigny, periodista del *Moniteur thêatral*, le dijo:

> No me entienden aquí. El público no ve más que los gestos y no sabe nada de los sentidos. Para bailar nuestras danzas es necesaria una educación, es necesaria una formación de tres mil años. Es algo completamente distinto el hecho de bailar en un salón delante de un decorado de teatro. Nada sustituye a las palmeras, al claro de luna.

Finalmente, tomó la irremediable decisión de partir hacia Berlín a finales de febrero de 1914.

El ruido de las botas se hacía cada vez más fuerte y la guerra era inminente.

En Berlín

Fue en la capital del Reich donde a Mata-Hari le pareció que podía volver a alcanzar la gloria, aunque la artista seguía sin demostrar demasiado interés por esta ciudad.

Para conseguir de nuevo el triunfo, contaba con la vaga idea de un ballet egipcio pero, si no recibía ninguna ayuda, el proyecto se presentaba muy poco seguro. Decidió pedir el apoyo de Émile Guimet, quien le respondió lacónicamente el 9 de marzo:

> Querida señora:
> Hacer un ballet egipcio es una excelente idea a condición que sea realmente egipcio. Si estuviera en París, encontraría toda la información. Como se encuentra en Berlín, le aconsejo que visite al profesor Erman, del Museo Egipcio.

Mata-Hari no tuvo en realidad tiempo de encontrarse con el egiptólogo y su proyecto de ballet se paró en seco.

La bailarina no era lo bastante discreta como para evitar a la prensa: se precipitó a ver a Keipert, prácticamente se echó en sus brazos. Un periódico berlinés sorprendió a los antiguos amantes «sumergidos en una conversación muy animada y muy íntima en uno de los restaurantes más elegantes de la ciudad».

El 23 de mayo de 1914, sus esfuerzos parecían finalmente coronados con el éxito. Firmó un contrato con el Metropol por un obra titulada *Der Millionendieb*, que debía empezar el primero de septiembre. Pero era imposible prever lo que iba a ocurrir: Mata-Hari se ocupaba esencialmente de promover su nuevo espectáculo cuando quedó atrapada por la guerra.

Sin duda, en la medida de sus ambiciones, el golpe fue terrible. Su futuro se hundía.

En el juicio le reprocharán haber comido con Traugott Von Jagow, jefe de la policía berlinesa, el mismo día en que se declaró la guerra. En realidad, Mata-Hari había cenado con un miembro de la policía que era su amante, como demuestran sus declaraciones:

A finales de julio de 1914, cenaba una noche en un particular con uno de mis amantes, el jefe de la policía Griebel, cuando escuchamos el ruido de una manifestación. Griebel, que no estaba al tanto de ella, me llevó hasta el lugar donde se encontraba. Una multitud enloquecida se desataba en demostraciones frenéticas delante del palacio del emperador gritando: «Deutschland über alles».

Parece que el Griebel en cuestión, del que no quedó el menor rastro, era un simple jefe de servicio y no el responsable principal de la policía berlinesa.

Por otra parte, la prueba de que Mata-Hari no era agente alemana (al menos en esa época) es la gran cantidad de dificultades con las que tropezó hasta conseguir salir del país. La bailarina explicó más tarde:

> Se produjo la declaración de guerra y los extranjeros empezaron a estar perseguidos en Berlín. Hubiera podido desprenderme de mi contrato de teatro por causas de fuerza mayor, pero el sastre del teatro me reclamó ochenta mil francos por los abrigos de piel y las joyas que tenía en mi poder. El 6 de agosto me fui a Suiza para llegar hasta Francia, pero mientras mis maletas pasaban la frontera, a mí me resultó imposible entrar en territorio helvético. Volví a Berlín sin maletas el 7 de agosto y me quedé hasta el 17, fecha en la cual me fui a Holanda.

Fue un hombre de negocios holandés, el señor K, quien la sacó de la delicada situación en que se encontraba. Sin dinero, sin maletas, con un pasado de bailarina parisina que la convertía en sospechosa a los ojos de las autoridades alemanas y abandonada por Griebel, que temía por su reputación, Mata-Hari estaba totalmente desamparada. El señor K le regaló un billete a Holanda.

Finalmente llegó a Amsterdam, después de una etapa en Francfort-sur-la-Main para obtener un pasaporte a través del consulado holandés, donde se recordaría a una Mata-Hari curiosamente rejuvenecida en ocho años y con cejas y cabellos rubios.

La estancia de Margaretha en Alemania, que tanto peso tendría en el juicio, había terminado.

CAPÍTULO 4

Cambio de profesión

Una vez en Amsterdam, Mata-Hari no tuvo otra alternativa que instalarse en casa de la familia del señor K. Su padre había muerto en 1910 y sus hermanos se habían olvidado de ella hacía mucho tiempo. Pero Mata-Hari no quería abusar de la hospitalidad de sus huéspedes. Había adquirido la costumbre de instalarse en el mejor hotel de la ciudad cuando llegaba a algún lugar, y esta no sería una excepción. Así que se instaló en el Victoria. Eso fue lo primero que hizo.

Su segunda tarea, habida cuenta de su desastrosa situación financiera, era encontrar alguien que pagara la cuenta.

El retorno al país natal

La persona caritativa que Mata-Hari esperaba se presentó pronto bajo el aspecto de un banquero llamado Van der Schalk, al que hizo creer que era rusa. El banquero le propuso seguir las huellas de Pedro *el Grande*, que llegó a Holanda al comienzo de su reinado.

La primera visita guiada no tuvo lugar el primer día, pero el banquero se convirtió muy pronto en el «mecenas» que Mata-Hari había estado esperando. Sus relaciones se estrecharon cuando supo que ella era holandesa como él. Luego pagó la factura y la dejó volar con sus propias alas. Ella fue entonces a refugiarse en una antigua relación, el barón Édouard Guillaume Van der Capellen. Este aristócrata holandés, coronel de caballería, iba a convertirse en su nuevo protector.

Después de un intento frustrado de volver a ver a su hija Non, Mata-Hari retomó su profesión de bailarina. Consiguió rápidamente un contrato con el teatro Real de La Haya, donde tenía que actuar en un ballet, el 14 de diciembre.

La noche del estreno, la sala estaba abarrotada. La reputación de la bailarina, que la había precedido desde el extranjero, había producido un efecto de curiosidad ávida entre sus compatriotas, en particular entre los antiguos colonos de las Indias holandesas. El espectáculo no tenía nada de oriental. Se trataba de «un cuadro viviente» con un ballet de nombre evocador: *Les follies françaises*. Mata-Hari ejecutaba «una danza en ocho pasos» bastante similar al baile de los siete velos realizado al inicio de su carrera.

En cualquier caso, dentro del puritano reino bátavo era imposible que la bailarina se hundiera. Aunque no fueron entusiastas, los periódicos holandeses dieron un buen recibimiento a la presentación de su compatriota. El espectáculo se consideró una «idílica coquetería pastoral». Para el *Telegraaf* de Amsterdam, el ballet fue «una caricia para nuestros ojos y una gran dosis de buen gusto».

El 18 de diciembre, el espectáculo se repitió en el teatro municipal de Arnhem, cerca del lugar donde vivía Mac Leod. El oficial, que seguía delicado de salud, declaró cuando supo de la presencia de su mujer:

La conozco desde todos los ángulos y el hecho de ir a verla al teatro no me hará aprender nada nuevo.

Para colmo de la ironía, Mata-Hari terminaba su carrera de bailarina actuando en su país natal, que hasta entonces había tenido olvidado, y junto a la casa de su esposo. Ese fin de año de 1914 tuvo un recibimiento triunfal que sería el último.

¡París, siempre París!

A lo largo del año 1915, Mata-Hari fue obteniendo más beneficios gracias a los favores de Van der Capellen que mediante las retribuciones que obtenía como bailarina, y se vio obligada a retirarse a una casa que le debía parecer muy poca cosa: era una casita a orillas de un canal, en el número 16 de Nieuwe Uitleg, en La Haya, que ella misma se ocuparía de arreglar a su manera.

Pero sus ingresos eran demasiado modestos; por otro lado, las promesas de trabajo resultaban cada vez más escasas debido, principalmente, a los desórdenes de la guerra; y además, lo que recibía de su nuevo «mecenas» era demasiado poco para su gusto y sus necesidades. Este cúmulo de circunstancias acabaron rápidamente con su paciencia. La insipidez de una situación así no podía de ninguna manera satisfacerla.

Mata-Hari era atrevida, pródiga, derrochadora, frívola. Necesitaba brillar, ser el centro del mundo, ser adulada por una multitud delirante; necesitaba excitarse con los aplausos o la falta de ellos y vibrar entre los brazos de un hombre. Sus preferencias eran cambiantes y tenía la capacidad de aprender y practicar cuando no era capaz de triunfar por ella misma.

París seguía siendo la ciudad preferida de Mata-Hari, aunque estuviese amenazada por Alemania. Allí conservaba algo de su suntuoso pasado, relaciones de todo tipo que ella pensaba que podía volver a reanudar, tentaciones de aventuras innumerables y, sobre todo (al menos eso creía o hacía ver que lo creía), posibilidades infinitas de continuar su carrera. Pero entrar en París era muy difícil. Los caminos por tierra estaban cerrados. Sólo la vía marítima permitía algún acceso.

Ella solía conseguir lo que quería, y después de una escala en Inglaterra la atrevida viajera tenía dos posibilidades: dirigirse directamente a un puerto francés o llegar a España y entrar en Francia por los Pirineos.

Más tarde, cuando fue acusada de espionaje y tuvo que responder de sus actos, explicó en su primer interrogatorio:

> Volví a París para recuperar mis cosas, que estaban guardadas en casa de Mapple, en el número 29 de la calle Jonquière. Volví a Holanda por la frontera con España con mis diez baúles, ya que la frontera por Inglaterra estaba cerrada a causa de los movimientos de tropas.

Lo que Mata-Hari no dijo fue que el gusano de la danza seguía devorándola. Tenía la ambición secreta de reaparecer en los ballets de Diaghilev y así se lo comunicó a Gabriel

Astruc, en una carta escrita el 24 de diciembre con el encabezamiento del Gran Hotel de París:

> Estoy de paso en París y volveré dentro de unos días a Holanda. Veo que Diaghilev sigue por aquí. Puesto que tengo algunas novedades bastante sorprendentes, ¿podría prepararme una cita en su casa?
>
> Ya sabe que no puedo evitarlo. No lo hago por dinero, estoy muy bien cuidada en casa por un oficial de la orden real. En el fondo lo hago por interés y por poder. No va a enfadarse porque creo que tengo algo interesante para él.

Además de sus nuevos proyectos, Mata-Hari había atrapado entre sus redes a un nuevo militar. Desgraciadamente, sus aventuras amorosas dieron un giro imprevisto. La bailarina explicaba con total indiferencia, sin el más mínimo sentido del pudor:

> Cuando me vine a París, al Gran Hotel, me convertí en la amante del marqués de Beaufort en el mismo hotel. No me gusta vagar sola por París.

¿Fue la decepción lo que provocó su retorno a Holanda? ¿No fue lo bastante prometedora su aventura con el marqués de Beaufort? ¿O bien hubo un poco de todo en su decisión? Es muy difícil responder a estas preguntas. Pero a principios de 1916 Mata-Hari volvía a su país natal.

¿Espía a su pesar?

De vuelta a Holanda, la bailarina tuvo que sufrir la ausencia de espectáculos. Todos los que se representaban eran interpretados sin ella.

La cortesana se impacientó rápidamente por la falta de actividad a su alrededor. Había abandonado París y ahora lo añoraba aún más que antes. El 15 de mayo de 1916, las autoridades holandesas le dieron un nuevo pasaporte. A diferencia del anterior, este llevaba una fotografía en la que Mata-Hari parecía «una bella burguesa sometida a la fuerza ineluctable de la vida, con un ancho sombrero de plumas blancas y con perlas en las orejas y en el cuello».

Aunque se negaba a admitirlo y aún menos a confesarlo, la bailarina, que rozaba los cuarenta años, tenía las facciones marcadas por el paso del tiempo. Y cuando por fin se decidió a reconocerlo, de esta constatación silenciosa nació probablemente esa avidez con la que Mata-Hari iba a entregarse, por amor o por sentimientos parecidos, a promesas de matrimonio que en realidad no eran más que castillos en el aire.

Antes de embarcarse de nuevo hacia París, la bailarina tuvo que sufrir el recelo de las autoridades inglesas. Su petición de visado fue rechazada por la administración de su graciosa majestad. En un primer momento, Mata-Hari se quedó estupefacta, pero no tardó mucho en conseguir que el Ministerio de Asuntos Exteriores holandés enviara un telegrama de airada protesta de parte del jefe de la delegación diplomática holandesa en Londres, De Marees Van Swinderen. El telegrama decía así:

> Artista holandesa reconocida, Mata-Hari, ciudadana de los Países Bajos, que tiene por nombre legal Mac Leod Zelle, desea personarse por razones personales en París, donde ella ha residido desde antes de la guerra. El cónsul británico en Rotterdam deniega su visado a pesar de la aceptación del mismo por el cónsul francés. Solicito del gobierno británico el envío de instrucciones para el cónsul de Rotterdam con la finalidad de conceder el visado solicitado.

Pero las autoridades inglesas se mantuvieron inflexibles. La bailarina seguía siendo persona non grata en suelo británico. Aunque esta negación lacónica de los ingleses estaba provocada por razones que quizá anunciaban ya una futura situación preocupante, no inquietó demasiado a Mata-Hari, que se decidió tranquilamente por cambiar la ruta prevista y viajar a través de España. En cuanto a los motivos que tuvieron los ingleses para actuar así no han salido nunca a la luz. Si los británicos hubieran sospechado de Mata-Hari como espía, habrían tenido todo el interés del mundo en dejarla entrar en Inglaterra para que cayera en sus manos.

Otro supuesto es su pasado: este resultaba demasiado turbulento para la moral británica, que era bastante austera. No obstante, esta posibilidad tampoco explica por completo la negativa de la administración británica a que Mata-Hari entrase en el país.

Se trataba, en cualquier caso, de la primera advertencia, aunque Mata-Hari no llegó a sospecharlo. Tales ideas no hubieran sido propias del temperamento de la elegida de los dioses. Estaba demasiado segura de sí misma, demasiado convencida de su capacidad de seducción, demasiado persuadida de su poder sobre el mundo, y además era demasiado ingenua. El 24 de mayo de 1916 embarcó con destino a España en el *Zeelandia*, nave de la Royal Dutch Lloyd. En el transcurso del viaje se produciría una serie de incidentes que constituyó el segundo aviso. Un tiempo más tarde explicaría:

> A bordo se encontraba un judío de nacionalidad holandesa perteneciente al pequeño mundo del comercio. Se llamaba Hoedemaker y decía estar al servicio de Inglaterra. Se comentaba entre los pasajeros que este iba de Amsterdam a Vigo con el único objetivo de denunciar a los holandeses, daneses y norue-

gos que iban a América del Sur para retomar allí las actividades comerciales abandonadas por los alemanes.

La maniobra de este personaje era significativa. Se le vio acercarse al oficial inglés encargado de sellar el visado de los pasaportes y, después, algunos pasajeros fueron desembarcados durante la escala de Falmouth en Inglaterra.

Durante el trayecto, un gran comerciante de arroz muy famoso en la ciudad de Zaandam, el señor Cleyndert, vino a verme cuando me encontraba en el salón y me dijo: «Tenga cuidado con ese sucio judío, va diciendo por ahí que ha estado en su camarote».

Naturalmente, me puse furiosa. Exigí al administrador que hiciera comparecer a Hoedemaker ante las personas que había dicho el señor Cleyndert. El careo no dio en ese momento ningún resultado, pero exigí que a la hora del té, sobre el puente mismo del barco, delante de todos los pasajeros, Hoedemaker me pidiera disculpas.

El acto tuvo lugar. Pregunté a Hoedemaker si había estado en mi habitación y él dijo que no. Pregunté a los testigos si Hoedemaker les había hecho tal revelación y ellos dijeron que sí. En ese momento, salté sobre el judío y le di un golpe que le hizo brotar sangre de la boca. Todo el mundo gritaba: ¡Hurra! ¡Bravo!

Esa misma noche, Hoedemaker se sentó en la mesa como si no hubiera sucedido nada. En ese momento, el cónsul de Uruguay me llamó aparte para recomendarme prudencia:

—Vaya con cuidado —me dijo—, Hoedemaker ha proferido amenazas contra usted. Debe de estar ofendido, porque parece que quiere vengarse.

—Que se atreva —contesté yo—. Si eso es lo que quiere, puedo darle en la otra mejilla otro golpe del tipo del que ya ha recibido.

—No se trata de eso —insistió el cónsul—, ya verá usted en la frontera de España lo que le sucederá.

Pero a mí me dio igual. Cuando bajé en Vigo, Hoedemaker estaba detrás de mí. Cuando entré en el hall del Hotel Continental, estaba a mi lado. Yo había pedido a dos pasajeros, un americano y un holandés llamado Rubens, que no me dejaran sola para que Hoedemaker no pudiera cazarme por la espalda. Entre Vigo y Madrid, estas dos personas viajaron en mi compartimento y Hoedemaker se instaló en el compartimento contiguo.

Ya en Madrid, cuando entré en el Ritz creí haberle perdido por fin. Pero un día, mientras comía en el Hotel Palace, me di cuenta de que Hoedemaker continuaba siguiéndome, y que esta vez iba acompañado por un personaje aún más sórdido que él.

Las cosas se complicaron para la bailarina cuando llegó a la frontera francesa. Allí se produjo una nueva serie de incidentes que podríamos considerar como el tercer y último aviso del peligro real y grave que corría. Mata-Hari continuaba de esta forma su declaración:

> Obtuve sin dificultad un pasaporte para entrar en Francia y me presenté en Hendaya. Allí fui objeto de inusitadas vejaciones: me cachearon insistentemente y me hicieron pasar al despacho de la policía especial, donde fui sometida por tres señores a un interrogatorio completo. Por último, me dijeron que no podía entrar en Francia. Protesté y pedí que me dieran la razón de dicha prohibición.
>
> —No tengo que darle explicaciones —respondió el policía—. Vuelva a San Sebastián y pida explicaciones a su cónsul.
>
> Escribí una carta para el señor Cambon, secretario general del Ministerio de Asuntos Exteriores francés y, al día siguiente, me presenté con ella en las manos en la estación de Hendaya. Los que me habían interrogado el día anterior me dejaron entonces pasar sin problemas.

El preciado señor Cambon le proporcionaba, una vez más, un pasaporte a toda prueba. Pero las preocupaciones de Mata-Hari no habían hecho más que empezar. Para Waagenar, si Mata-Hari hubiera sido en realidad una espía, en aquel tiempo «ya se habría dado cuenta que estaba acabada».

Pero esta afirmación no explica el papel que jugó Hoedemaker. ¿Fue él quien denunció a Mata-Hari a los servicios de inmigración? ¿Y por qué razones? ¿Se trataba simplemente del deseo de hacer daño de un pretendiente rechazado?

La bailarina fue confundida en esa época, como lo sería más tarde, con la espía alemana Clara Benedix. Bajo esta suposición, Hoedemaker, que era confidente de la policía, estaba haciendo su trabajo.

En ambos casos, Mata-Hari no tenía ningún motivo para inquietarse. A ella sólo se le podía reprochar la inconsciencia de sus relaciones. Se imaginaba que gracias a ellas podía pasar por encima de todo. Y a menudo era verdad. Pero a la fuerza tuvo que haber algo más, ya que a partir de ese momento la policía no la dejó tranquila nunca más.

Persona non grata un día, sospechosa al día siguiente. Juzgada primero por menudencias y, de repente, considerada como una gran presa.

De todos modos, si se acepta su filiación a los servicios de información, se puede deducir que ella fue para el espionaje lo que para la danza, es decir, una principiante pretenciosa con una exótica historia cargada de episodios amorosos. Una vez que cruzó la frontera, las autoridades francesas consideraron que Mata-Hari era lo suficientemente interesante como para ponerla bajo vigilancia continua. Los informes de la policía en los que se rendía cuentas de sus desplazamientos empezaron el 18 de junio de 1916 y siguieron hasta el 15 de enero de 1917.

Por un buen engaño

Mata-Hari explicaba de la siguiente manera el momento en que llegó de nuevo a París:

Me instalé en el Gran Hotel, pero el marqués de Beaufort no estaba allí, ya que no había podido obtener permiso. En el salón de la señora Dangeville, en el número 30 de la calle Tronchet, conocí a un oficial ruso, el señor Gasfield, quien me presentó a su camarada, el capitán Vadim de Massloff, del primer regimiento especial imperial ruso. Este se convirtió en mi amante y los dos nos enamoramos. Massloff estaba en Mailly y venía a verme en cuanto le daban permiso.

Desde su llegada a la capital fue objeto de seguimiento. Diariamente se realizaban informes que se transmitían a la jefatura. El 20 de junio de 1916, el policía encargado de la vigilancia describía así a Mata-Hari:

Cerca de treinta y dos años, 1,75 m, cabello castaño claro, muy elegante, vestida con un vestido negro, falda corta, sombrero decorado con rosas que dan la vuelta al perímetro de la cabeza.

Desde el principio, la policía estaba persuadida de que Mata-Hari sabía que la estaban siguiendo y que intentaba escapar de dicho seguimiento. El 20 de junio, un informe explicaba que, mientras estaba en el salón de lectura, «escapó por una puerta cuya existencia desconocían los agentes encargados de la vigilancia, y por esta razón no pudo ser seguida». Al día siguiente, el jefe de la recepción del Gran Hotel informó a la policía:

La llamada Mac Leod se dirigió al botones y le preguntó si conocía a un señor que la seguía y en el que se había fijado.

¿Eran esas sospechas de Mata-Hari reminiscencias de los desagradables momentos vividos a causa de Hoedemaker? ¿Eran simplemente consecuencias de la torpeza de la policía? ¿O bien eran provocadas por la inquietud de una espía?

Mata-Hari salía mucho, casi siempre con militares. El 30 de junio se volvió a ver con el marqués de Beaufort, con quien se reunió varias veces más en los días siguientes. El 18 de julio, el informe policial precisaba:

Hemos sabido que se comenta que, al sufrir dolores, Mac Leod tiene intención de dirigirse a Vittel para quedarse una temporada. Ella sabe las dificultades que tendrá que superar si quiere obtener un salvoconducto para este viaje a la zona de armas.

Mata-Hari superó estas dificultades rindiéndose al teniente de caballería Jean Hallaure, destinado al Ministerio de la Guerra a causa de sus heridas, el cual la llevó al número 282 del bulevar Saint Germain. Fue entonces cuando conoció al capitán Ladoux, el jefe del contraespionaje que la había hecho seguir desde su entrada en territorio francés.

Mata-Hari explicó, durante su segundo interrogatorio, la conversación que ese día tuvo con Ladoux:

—Veamos señora, es usted quien ha pedido ir a Vittel. ¿Pero sabe que Vittel está en zona del ejército?

—Se trata de un balneario donde ya he estado otras veces. Tengo incluso la prescripción del médico para visitarlo.

—Es muy difícil para una extranjera llegar allí.

—Si es tan difícil como cuenta, iré cerca de Roma, a Fuiggi, donde las aguas son de la misma naturaleza.

—No es que quiera darle una negativa, pero, en todo caso, debería antes responder a unas preguntas puesto que como sabe, ha sido usted señalada como sospechosa. ¿No estará usted a punto de pasar información a los alemanes?

Le expliqué la historia de Hoedemaker. Él se echó a reír y prosiguió con su interrogatorio.

¿La había denunciado Hoedemaker a la policía francesa, la cual había transmitido, a su vez, el informe al servicio de contraespionaje? ¿Había avisado Londres directamente a París de la situación?

Ladoux prosiguió:

—¿Qué le pasó en Hendaya?

Se lo expliqué.

—Está bien. En efecto, eso es lo que se me ha dicho. ¿Cuáles son sus relaciones en Holanda?

—Soy la amante del coronel barón Van der Capellen.

—¿Cuáles son los sentimientos del barón hacia Francia?

—Es un hombre muy elegante que sólo aprecia lo que llega de Francia. Me escribe siempre en francés y en la carta que me ha mandado esta misma mañana me escribe: Marguerite, tú que amas tanto a Francia…

—Si es cierto que quiere tanto a Francia, podría hacernos un buen servicio, ¿no ha pensado nunca en ello?

—Sí y no, pero no son cosas que a uno le ofrezcan así, sin más.

—¿Lo haría?

—No he pensado nunca en ello.

—Debe usted cotizarse muy alto.

—¡Eso seguro!

—Según usted, ¿qué precio tendría?

—Todo o nada. Si se prestan los servicios solicitados, vale mucho. Pero si se falla, no vale nada.

El capitán Ladoux me mandó ir a ver al señor Maunoury en la comisaría de policía para que me informara de cómo iba lo de mi autorización para ir a Vittel y, en el mismo momento en que me marchaba, añadió:

—Sobre lo que le he dicho, venga a verme en cuanto haya tomado una decisión.

¿Estaba Hallaure confabulado con Ladoux o, por el contrario, había sido este quien había pensado, quizás un poco apresuradamente, que Mata-Hari podía ofrecer sus servicios al contraespionaje francés? Lo que condujo a Mata-Hari al despacho de Ladoux no fue el azar sino el destino, porque Mata-Hari (su historia lo demostró muy pronto) era demasiado impulsiva, demasiado habladora, demasiado enamoradiza e incluso demasiado estúpida, según piensan algunos, como para poder hacer la carrera de agente secreta.

Para ilustrar estos defectos de su carácter basta con recordar que el 18 de agosto visitó al marqués de Margerie, secretario del ministro de Asuntos Exteriores, y le explicó toda la historia.

> Margerie me dijo que era muy peligroso aceptar misiones de la naturaleza de las que se me querían confiar. Pero añadió que, como francés, creía que si alguien podía ayudar a su país, esa era yo.
>
> Al día siguiente volví a ver al capitán Ladoux y le dije:
>
> —Capitán, en principio, acepto.
>
> —Hablemos un poco. ¿Puede usted ir a Alemania y a Bélgica? ¿Tiene algún compromiso?
>
> —Primero debo ir a Vittel. Déjeme hacer mi cura y le vendré a ver a la vuelta.

Mientras esperaba su partida hacia Vittel, Mata-Hari se encontró con numerosos militares. Los policías encargados de seguirla apuntaron:

> A Mac Leod se la ve actuar de una manera extraña por el hotel, debido a su relación confidencial con los oficiales que encuentra por todas partes.

Y el 21 de agosto:

> Bajo el porche del inmueble 6 del número 15 de la calle de La Paix, se cita con un individuo de unos cuarenta o cuarenta cinco años, 1,68 m y complexión bastante fuerte. Los dos hablan durante aproximadamente un cuarto de hora y él toma notas, probablemente relativas a la conversación con Mac Leod.

¿Era aquello sólo una coincidencia o era una auténtica acción oculta? En el pensamiento de la policía, todo es sospechoso.

El primero de septiembre, Mata-Hari estaba ya en Vittel. Su deseo era encontrarse con Vadim de Massloff, pero el informe de la policía apunta la llegada, el día 3, de un guapo capitán «con una venda en el ojo izquierdo». El mismo informe decía que el oficial ruso se alojaba en la habitación 362 del Gran Hotel «contigua a la de Mac Leod».

Massloff había resultado herido por un gas asfixiante y corría el riesgo de quedarse ciego. Al recordar esos momentos, Mata-Hari explicaba:

Una noche, Vadim me dijo:
—Si esta desgracia sucede, ¿qué vas a hacer tú?
—Yo no te abandonaré nunca y seré para ti la misma mujer de siempre.
—¿Quieres ser mi esposa?
Yo respondí que sí y me puse a pensar: he aquí una vida bien encaminada. Voy a pedirle al capitán Ladoux dinero suficiente para no tener que engañar a Massloff con otros hombres. Dejaré al marqués de Beaufort, dejaré también al coronel barón, iré a Bélgica a hacer lo que el capitán me pida, recogeré de Holanda mis muebles y todos mis objetos de valor y vendré a París al piso que he alquilado. El capitán Ladoux me pagará. Me casaré con mi amante y seré la mujer más feliz de la tierra.

El plan era sencillo. Todo se basaba en obtener la mayor cantidad posible de dinero para poder saciar su pasión. Poco importaban los métodos. Si el espionaje se lo permitía, que fuera mediante el espionaje.

El juego que se proponía llevar a cabo era muy peligroso pero Mata-Hari, con su delirio de amor, no se daba cuenta. Cuando volvió a París en el mes de septiembre, entró en el mecanismo fatídico del destino cuando visitó a Ladoux:

Me preguntó si había reflexionado lo suficiente y cómo pensaba operar.

—¿En Alemania o en Bélgica?

—Alemania nos interesa menos. Es a Bélgica donde habría que ir. ¿Pero cómo lo haría?

Me acordé entonces de mi amante Van der Schalk. En Amsterdam, este me había presentado al señor Wurfbain, uno de los más ricos importadores y banqueros de la ciudad, quien me había hecho proposiciones a las que nunca respondí, y que me dijo, en resumen: «Venga a verme a Bruselas. Tengo allí una magnífica casa. Me encargo de los grandes negocios del estado mayor alemán y les conozco a todos. Ya lo verá, hacemos grandes fiestas en casas privadas con mujeres húngaras, alemanas y belgas». Wurfbain era un hombre muy lanzado y el brazo derecho de Von Bissing [gobernador general de la Bélgica ocupada]. Dije entonces al capitán Ladoux:

—Este es mi plan: desde la casa de La Haya, escribiré una corta y amable nota a Wurfbain para invitarle a tomar una taza de té conmigo. Iré a Bruselas con vestidos estupendos y frecuentaré el estado mayor. No le digo más. Pero sepa que tengo un carácter algo bruto y espontáneo, y no voy a quedarme por ahí durante largo tiempo por pequeñas historias. Daré un gran golpe, sólo uno, y luego me iré.

El capitán parecía entusiasmado. Me preguntó después con qué interés iba a servir a Francia, añadiendo que siempre hacía esta pregunta a los que empleaba.

—No tengo otro interés que el de poderme casar con mi prometido y ser independiente.

—Lo que está en juego vale la pena. ¿Y en cuanto al dinero? ¿Ha pensado en ello?

—Pido un millón. Pero me pagará una vez haya podido comprobar el valor de mis servicios.

—Es una cantidad elevada —señaló el capitán—, pero si verdaderamente nos hace el servicio que le pedimos, se lo sabremos agradecer. Alguna vez hemos dado incluso dos millones y medio.

La carrera de espía de Mata-Hari parecía empezar con buen pie. Al menos es lo que la historia y el mito han querido retener. Pero desde el principio, las cartas estaban trucadas: el agente francés, Mata-Hari, no tenía ningún futuro, quizá por lo que ella misma tenía que esconder, o bien por su despreocupación. El plato era demasiado apetecible y Ladoux no podía disponer de una cantidad tan colosal.

Mata-Hari, enamorada pasional, o apasionada por estar enamorada, no podía evitar ser subyugada por tal promesa. Se lanzó a la acción dispuesta a todas las locuras y a las confidencias más indiscretas de la misma manera que la empujaban su cuerpo y su corazón, hasta que terminó por arriesgar por completo su seguridad, que no pendía ya más que de un hilo.

El cerco se estrecha

Una vez concluido el acuerdo, Mata-Hari recibió un visado para viajar a Holanda a través de España. Antes de su partida se dio cuenta de que el dinero también le hacía mucha falta para la guerra y el espionaje.

> Me arrepentí enseguida de no haber pedido dinero adelantado para pagar mis vestidos en Bruselas y dar un adelanto al tapicero para amueblar mi piso de la avenida Heri Martin. Escribí una carta en este sentido al capitán Ladoux y esperé otra carta o una llamada telefónica. Sin respuesta. Volví al bulevar Saint Germain. El capitán denegó el adelanto. Antes de nada quería pruebas.

El cambio brusco de Ladoux no hizo a Mata-Hari sospechar nada en absoluto. A pesar de esto, las instrucciones eran superficiales y la misión se soportaba sobre una única iniciativa. Acostumbrada a tener que remover las cosas, ella creyó que se podía hacer de espía como de bailarina, con mucha audacia, relaciones y jugando con la imaginación. El capitán le volvió a preguntar:

—¿Cómo vamos a hacerlo?
—Sería más bien yo quien debería hacer esa pregunta.
—¿Quiere escribirnos desde Bruselas con tinta secreta?
—No, esto son trampas que no van con mi carácter. Además, no tengo intención de quedarme mucho tiempo en Bélgica. ¿Pero qué quieren de mí exactamente?
—No puedo decírselo aún. Tengo que hablar con mi jefe. Pero vuelva tranquilamente a su casa de La Haya y, quince días después, recibirá la visita de una persona de toda confianza que le dará las instrucciones correspondientes.

Ladoux se quedó también esta vez en lo impreciso y lo incierto porque sospechaba de ella, porque desde el primer día la hizo seguir. Porque a falta de certeza, se forjó una convicción.

Cuando Mata-Hari quiso saber cómo reconocería a su contacto, observó una ligera sonrisa en los labios de él mientras doblaba un pequeño papel en cuatro y le decía:

—Le dirá esto.
Yo desplegué el papel y leí: AF44
—¿Y bien?
—¿No reconoce este número?
—No lo he visto nunca.
—Creí que era el suyo.

Nueva insinuación y nuevo resoplo de Mata-Hari:

—Capitán, se lo pido, de una vez por todas, renuncie a estas insinuaciones que me irritan, a esos informes de sus pequeños agentes y a toda esta suciedad. Llegará un momento en que se me acabarán las ganas de hacer cualquier cosa.

Para Mata-Hari, el espionaje debía hacerse a plena luz y en una especie de juego caballeresco con la estética de un ballet. En cuanto al aspecto financiero de la cuestión, no serviría más que para el completo desarrollo de su gran Amor, con mayúscula. Calmándose, Ladoux concluyó:

—Si consigue acercarse y darnos el nombre de un espía alemán, holandés o español, le pagaremos unos veinticinco mil francos.

Las tarifas habían obviamente descendido, y comenzó una especie de regateo sórdido donde el dinero parecía ser la única cosa importante. En esta situación, Mata-Hari terminó ofuscándose:

—¡No os prometo hacerlo! Lo que me gustaría es darle informes de orden diplomático o militar y me disgusta tener que denunciar a la gente.

El 6 de noviembre, Mata-Hari cruzó la frontera española por Irún, entre agentes franceses y vascos.

Se ha escrito mucho sobre esa estancia en España, sobre todo por parte del mismo Ladoux. La imagen de la Mata-Hari agente doble fue emergiendo lenta y definitivamente.

Según Ladoux, hizo desde Irún dos llamadas telefónicas. La primera, a la banca alemana en Madrid y, la segunda, al cónsul alemán de Vigo. Pero estas afirmaciones nunca se probaron.

Mata-Hari embarcó en el *Hollandia* con destino a Rotterdam, pero no conseguiría llegar a su destino. La nave fue apresada por la marina británica y obligada a dirigirse hacia Falmouth.

> En Falmouth, el barco fue ocupado por la policía, soldados y sufragistas encargadas de registrar a las mujeres. Dos de ellas registraron mi cabina, llegaron incluso a destornillar los cristales de la pared y a mirar debajo de la cama. Un oficial me sometió a un control de identidad, después me miró fijamente y sacó de su bolsillo una foto de aficionado que era de una mujer vestida de española con una mantilla blanca, un abanico en la mano derecha y la mano izquierda en la cintura. La foto se parecía un poco a mí. De todas maneras, la mujer era más pequeña y un poco más fuerte que yo. Me puse a reír, pero mis protestas no convencieron al oficial. Me dijo que la foto había sido hecha en Málaga, donde yo afirmaba no haber estado nunca. Y me hicieron desembarcar.

Las cosas se complicaron aún más, puesto que Mata-Hari fue obligada a coger un tren hacia Londres bajo escolta. Interrogada en las dependencias de Scotland Yard, terminó en la cárcel el 13 de noviembre. Allí, lo divertido empezaba a resultar trágico, porque Mata-Hari había sido confundida con la espía alemana Clara Benedix.

La equivocación duró tres días. Cuando Sir Basil Thomson, jefe de la Special Branch, se dio cuenta del error cometido por sus servicios, la rueda del destino se había puesto en marcha sin remedio.

Según Waagenar, para intentar atenuar la ira de la diplomacia holandesa, Sir Basil Thomson tuvo que redactar dos cartas al represente de los Países Bajos en Londres. La primera hacía especial referencia a la confusión habida entre Mata-Hari y Cara Benedix:

> Señor:
> Tengo el honor de informarle que una mujer, con pasaporte francés n.º 2603, librado en La Haya el 12 de mayo de 1916 y

expedido a nombre de Margaretha Zelle Mac Leod, ha sido arrestada bajo la inculpación de ser una agente alemana de nacionalidad alemana, con el nombre de Clara Benedix, de Hamburgo. Esta se niega a ser identificada con dicha mujer, pero estamos llevando a cabo investigaciones para establecer la posible culpabilidad. El pasaporte tiene señales de haber sido retocado.

El retoque de la foto del pasaporte revelaba, también según Waagenar, una coquetería de la bailarina, que pretendía rejuvenecerse como hacían muchas mujeres de la época.

La segunda carta fue mucho más imprecisa. Clara Benedix había sido olvidada y Mata-Hari, presentada esta vez bajo el nombre de la señora Zelle Mac Leod, es sólo «sospechosa de actos en contra de la neutralidad». Sin duda, los ingleses se dieron cuenta de su equivocación durante ese tiempo.

Aquello habría podido quedar ahí si Mata-Hari, con su candor habitual, no hubiera echado de nuevo leña al fuego. Durante los distintos interrogatorios, los miembros de Scotland Yard no dejaron de darse cuenta de la turbación de la bailarina. No le faltó mucho tiempo a Sir Basil Thomson para descubrir la verdad. Mata-Hari le confesó que se dirigía a los Países Bajos bajo las órdenes de los servicios de información franceses.

Pasado el primer momento de estupor, el jefe de la Special Branch se vio en el deber de confirmar lo que decía Mata-Hari. Ladoux no pudo creer lo que oía y se dio cuenta sin duda de su falta de juicio en lo que concernía a «su nuevo agente».

Para no parecer demasiado desaventajado, fingió ignorancia y cableó a los ingleses un lacónico:

No entiendo nada. Expulsad Mata-Hari a España.

Al hablar más de la cuenta en el momento menos oportuno, Mata-Hari acababa de quemar su carrera delante del capitán Ladoux. Sir Basil Thomson había percibido rápidamente los límites de Mata-Hari en un dominio donde ella brillaba por su inexperiencia. Su confesión era la prueba de su falta de seriedad en un género de actividad que pedía una discreción absoluta. Creyó poderle ofrecer un último consejo antes de su partida:

Señora, si quiere hacer caso de un hombre que le dobla la edad, renuncie a lo que ha emprendido.

Fue todo lo contrario lo que se produjo. Mata-Hari explicó en su segundo interrogatorio que el 1 de diciembre de 1916 se embarcó en Liverpool en el *Araguya* y desembarcó en España el día 6.

Ya en Vigo, en el Hotel Continental, supe que Clara Benedix era una espía alemana muy conocida y que vivía en España. Fue precisamente un francés, el señor Martial Cazeaux, secretario del consulado holandés, quien me lo dijo.

Yo le expliqué a cambio lo que me había dicho el capitán del *Hollandia*: unos belgas, que hacían el viaje al mismo tiempo que yo, eran una pareja de espías. Él, bajo las órdenes de Inglaterra, y ella, bajo las de Alemania. Su apellido era Allard.

Al día siguiente, me paseaba por el muelle cuando el señor Cazeaux me abordó en estos términos:

—Dígame entonces, ¿querría usted ir a Austria para los rusos? Venimos de su parte.

—¿Por qué no?

—¿Qué pediría?

—Un millón cien mil francos de adelanto —confieso que lo dije un poco en broma.

—Es muy caro.

—Si esto sirve para salvar cien mil hombres, bien vale diez francos por cabeza, ¿no cree usted?

—Me parece que están en negociaciones con los americanos, que lo hacen por menos dinero. Pero, bromas aparte, hablaré de esto. El ruso vendrá a verme. ¿Dónde puede, llegado el caso, ir a verla en Madrid?

—En el Ritz. ¿Cómo le reconoceré?

—Por la mitad de mi tarjeta.

Y rompió una de sus tarjetas y me dio uno de los fragmentos. El señor Cazeaux me pareció de una modesta posición para tratar un asunto de tanta importancia como el que me había comentado. De todas maneras, no me pareció tan imposible desde el momento que estaban los rusos detrás de él. Yo le dejé diciéndome que esperara a su enviado en Madrid. Tomé el tren en Vigo y llegué a Madrid al día siguiente. Hice visar mi pasaporte el 11 de diciembre.

En cuanto llegué al Hotel Ritz, escribí una carta aclaratoria para el capitán Ladoux, con el fin de explicarle lo que me había sucedido en Inglaterra y pedirle instrucciones. Esperé cinco días o más y no recibí nada de Vigo. Así que telegrafié al señor Cazeaux: «¿Hay que esperar mucho aún?».

Él me contestó por carta, pero su correspondencia se retrasó debido a la avalancha de nieve que cubría en esta época la región de Vigo. En su carta me decía: «Espere un poco más. El ruso está ahora en Suiza».

Mata-Hari no tenía temperamento para esperar. Los rusos por un lado, Ladoux por el otro. Entre los dos, una insoportable falta de dinero.

CAPÍTULO 5

El principio del final

En lugar de quedarse esperando, Mata-Hari se precipitó hacia nuevas preocupaciones. Como el espionaje no venía hasta ella, ella iría hasta el espionaje.

Los acontecimientos se precipitan

A partir de su tercer interrogatorio, el 28 de febrero de 1917, explicaba así su estado de ánimo en esa época.

> Todo este periodo de espera pasó sin que yo llegara a hacer nada en el sector alemán. Viendo que no sucedía nada en concreto, empecé a pensar: ¿Qué me impide usar mi tiempo para ir haciendo contactos? Puedo mantener buenas relaciones con los alemanes y eso hará avanzar las cosas. Si hubiera podido encontrar la manera de acostarme con el embajador de Alemania, lo habría hecho. Así es como se consigue hacer grandes cosas, y no interrogando a modestos empleados.

Mata-Hari decidió pasar a la acción sin la menor prudencia.

> Pedí el anuario diplomático al portero del hotel con el pretexto de buscar la dirección de uno de los agregados de nuestra delegación y me fui directa a la embajada alemana.

Vi en ese libro que el agregado militar era el capitán Von Kalle, que vivía en el número 23 de la Castellana o cerca de allí. Me grabé perfectamente su nombre y dirección en la mente y me dije: «Agarremos el toro por los cuernos; si no me sale bien, es una lástima, y si me sale bien, tanto mejor».

El mismo día escribí a Von Kalle: «Mi capitán, desearía hablar con usted. ¿Qué día y a qué hora le iría bien recibirme?». Puse la carta en correos introduciendo además una de mis tarjetas. Al día siguiente, Von Kalle me hizo llegar su concisa respuesta: «Señora, no tengo el placer de conocerla, pero la recibiré mañana sábado a las tres de la tarde».

Fui puntual a la cita. Sin tener que esperar en la antecámara, un camarero del hotel, que debía ser un ordenanza, me hizo entrar en el despacho donde Von Kalle estaba escribiendo. Se levantó y me invitó a sentarme.

—Señora, no sé cuál es el motivo de su visita. No tengo la costumbre de recibir mujeres que podrían muy bien ser enviadas por mis enemigos, pero me he dado cuenta que no es este su caso.

—¿Cómo lo sabe? —le pregunté sonriendo.

—Porque desde hace por lo menos diez meses ejerzo como comandante y los agentes enviados por el enemigo no ignoran mi nuevo grado. Para dirigirme su carta, debe usted haber utilizado una vieja guía. Veo que es usted holandesa. ¿Habla alemán?

—Perfectamente, tan bien como el francés. He estado retenida cuatro días en Inglaterra. Me cogieron confundiéndome con una alemana que viajaba, parece ser, con papeles falsos holandeses. Se empeñaban en que yo era Clara Benedix. ¿De qué trata todo esto?

—¡Qué bien que hable alemán! ¿Cómo es eso?

—He vivido en Berlín durante tres años.

—¿Conoce allí a muchos oficiales?

—Sí, a muchos.

—Dígame algunos nombres.

Le cité algunos y añadí:

—Fui la amante de Alfred Kiepert.

—Ahora ya sé quien es usted. Usted es la mujer de la que Alfred estaba tan celoso. La vi cenando con él en el Carlton. Vino también después de las maniobras de Silesia. Voy a decirle que lo que le ha sucedido no me incumbe a mí en nada. Ya no me ocupo de esos temas desde que el rey me pidió personalmente que me abstuviera. Ahora se centralizan en Barcelona. Pero voy a pedir inmediatamente explicaciones al barón de Roland. Me parece extraño, de todas maneras, que él haya podido dar un pasaporte holandés falso.

Mostrándose cada vez más familiar, Von Kalle me ofreció cigarrillos y la conversación nos llevó a hablar de la vida diaria de Madrid.

Yo me mostraba muy amable con él.

Jugaba con mis pies. Hacía lo que una mujer puede hacer cuando quiere conquistar a un señor, y entendí que Von Kalle iba a ser para mí.

En un momento dado, estando bien instalado en su silla, me dijo:

—Estoy cansado. Estoy trabajando en el desembarco de oficiales alemanes y turcos y de las municiones de un submarino sobre la costa de la zona francesa de Marruecos. Y esto ocupa todo mi tiempo.

No creí oportuno prolongar demasiado ese primer encuentro, y después de un tiempo más de conversación banal, dejé a Von Kalle una vez hecha ya la conquista.

Ese mismo día, por la noche, escribí al capitán Ladoux diciéndole que había hecho una nueva amistad con un alemán muy bien situado en la embajada, que había sabido de él que un submarino había desembarcado en Marruecos y que el barón de Roland estaba al mando del espionaje alemán en Barcelona. Y añadí:

—Espero sus instrucciones, puedo conseguir lo que quiera de mi informador.

Al día siguiente de esa cita, el azar hizo que un agregado de la delegación de los Países Bajos presentara a Mata-Hari al jefe de la información secreta francesa en Madrid, el coronel Denvignes.

Este señor de edad avanzada lucía orgullosamente la rosa de la Legión de Honor, cojeaba un poco y sentía un placer irresistible por el buen sexo.

Según Mata-Hari, le hizo la corte de forma desvergonzada durante toda la noche y lo repitió al día siguiente con motivo de una gala en el Ritz.

Para calmar la pasión del coronel Denvignes, ella creyó oportuno darle a conocer sus pretensiones sin desvelar su identidad.

Le dije:
—Coronel, tranquilícese, soy de los suyos.
Él me apretó la mano. Añadí:
—Si le hubiera conocido un día antes, no habría sido necesario pasar la información a París, le hubiera enviado la carta a usted mismo y habría sido todo más rápido.
—¿Qué información?
Le di todos los detalles, y también la información de Von Kalle.

Denvignes no podía creer lo que oía.

De regreso a las ocupaciones de su trabajo, el coronel se concentró en Mata-Hari con la intención de saber más y le propuso que volviera a ver al agregado militar alemán al día siguiente.

Sin embargo, a partir de ese momento Von Kalle se mostraría más reservado en cuanto a lo esencial y bastante más emprendedor en lo accesorio.

A lo largo de la conversación que tuvo con él, Mata-Hari le preguntó:

Pero debe ser muy duro y difícil tener que desembarcar hombres de un submarino en las costas de Marruecos. ¿O es que ya lo habéis logrado?

Desconfiado, Von Kalle respondió:

Las mujeres bonitas no deberían preguntar demasiado.

A pesar de eso, Denvignes se impacientaba, tanto en lo profesional como en lo afectivo. Debía ir a París a informar de sus acciones y habría visto con muy buen ojo la obtención de información de último momento.

Mata-Hari dijo:

> Quiso que le diera mi ramo de violetas y mi pañuelo como recuerdo y me preguntó qué podía hacer por mí en París.
>
> —Mucho. Vaya a ver al capitán Ladoux y a su superior y dígales con qué mujer tratan. Pídales también que actúen conmigo de forma más abierta y gentil.

Después de las últimas recomendaciones y de múltiples prisas, Denvignes fue obligado a volver a París en compañía del general Lyautey, no sin antes haber obtenido de ella el compromiso de una cena.

Al día siguiente de su partida, Von Kalle volvió a ponerse en contacto con ella.

> Von Kalle me invitó a ir a tomar una taza de té con él ese mismo día a las tres de la tarde. Lo encontré más autoritario que otras veces, como si hubiera sido puesto al día de mis relaciones con el coronel.
>
> —Venga aquí, que la vea bien ¿ha explicado, por casualidad, lo que le conté? Porque resulta que los franceses están enviando mensajes de radio por todas partes para saber dónde han desembarcado los oficiales.
>
> —Lo habrían podido saber perfectamente por cualquier otra fuente de información. Y además, ¿cómo puede saber lo que los franceses dicen por sus radios?
>
> —Porque tenemos las claves de sus radios.
>
> —¡Ah, esto es otra cosa! ¡Sí que son inteligentes ustedes!
>
> Viendo el compromiso en el que me encontraba, redoblé mi amabilidad con él. La conversación continuó:
>
> —A las mujeres bonitas hay que perdonárselo todo, pero si se supiera que soy yo quien he hablado demasiado, me costaría bien caro en Berlín.

Viéndole de nuevo sumiso, precipité los hechos. «¿Qué importa ahora mi fidelidad?», me dije. Y le dejé hacer conmigo lo que le apeteció.

Aunque sospechaba, Von Kalle se dejó cazar por las seductoras redes de Mata-Hari. En el sofá, ella le arrancó además la información de que los alemanes habían descubierto a un aviador francés que dejaba espías detrás de sus líneas y que los espías alemanes utilizaban tinta simpática (invisible) para pasar sus mensajes. La cuchilla había pasado muy cerca.

Sin embargo, algunos meses después Mata-Hari no tuvo la misma suerte.

Recibió un aviso más, esta vez español, del senador Junoy, quien le dirigió una carta al hotel Palace poco tiempo antes de su partida hacia París:

> Querida señora:
>
> Nos acaba de llegar una información que creemos importante destacar.
>
> Hemos recibido la visita de un agente secreto francés, quien dijo que tenía su residencia en Cervera y que era enviado por el Ministerio de Asuntos Exteriores en París y autorizado a interrogarme sobre mis relaciones con usted.
>
> Me preguntó la razón por la cual había tomado café con una persona conocida como hostil para los aliados. Yo le contesté que aquí se la tenía por una mujer bonita, inteligente y espiritual, y que nunca había salido de sus labios ni una sola palabra sobre política.
>
> Esta visita nos ha parecido francamente extraña; somos caballeros españoles y consideramos oportuno avisarla.

La gestión desinteresada de los amigos españoles de Mata-Hari no sería suficiente. Creyendo no tener nada más que hacer en Madrid, decidió irse a París. Su destino se aceleraba por momentos.

En la boca del lobo

Mata-Hari dejó la capital española el 2 de enero de 1917. El día 4 ya estaba en París. Para esta espía improvisada, todo era extremadamente sencillo. «Se dirigía a la capital de sus amores y de sus placeres para hacerse trenzar los laureles, para cobrar su millón y casarse con el distinguido capitán ruso del cual estaba tan enamorada». Pero el desencanto llegó muy rápido.

Fiel a sus costumbres al llegar a una gran ciudad, se instaló en un palacio. Esta vez escogió el Plaza Athénée, de la avenida Montaigne, a dos pasos de los Campos Elíseos. Allí veía de nuevo el teatro que la glorificó.

Con ganas de escribir un nuevo capítulo de su historia, esa misma noche telefoneó al capitán Denvignes al Palacio de Orsay. No la conocían. Mata-Hari no perdió la esperanza, como lo explicaría en el interrogatorio del 1 de marzo:

> Después de muchas dificultades, telefoneé al Ministerio de la Guerra donde me dieron la misma respuesta. Cansada de la guerra, me vestí y fui a comprobarlo por mí misma. Me presenté en el número 282 del bulevar Saint Germain. Pregunté a los guardas que estaban en la entrada y me dijeron que ellos no conocían a ningún coronel Denvignes. Yo les supliqué que hicieran venir a algún oficial. Vino entonces un sargento o capitán, mayor que yo, quien se limitó responderme: «Ah, sí, el agregado militar, pero se va esta misma noche a Madrid».
>
> Como quería ver al coronel a toda costa, me desplacé a las 9 hasta la estación de Orsay. Pero el revisor me impidió la entrada en los andenes.
>
> Me dirigí entonces al despacho de los controladores de la compañía de coches cama, y allí escribí una pequeña nota para el coronel, en la que le decía que deseaba verle urgentemente y le pedía que me esperara en la puerta del vagón de la estación de Austerlitz, donde sí pude acceder al andén con un billete de cercanías.

El tren entró en la estación pero el coronel no estaba en la puerta. Llamé al conductor y le supliqué que pidiera al agregado militar de Francia que me viniera a ver. El coronel Denvignes apareció entonces por la puerta de uno de los vagones.

Tenía aspecto de estar molesto. Vi a un hombre completamente distinto al que había conocido en Madrid.

—Vaya manera de irse mi coronel, sin ni siquiera avisarme. ¿Y sus negocios? ¿Ha visto ya al capitán Ladoux?

—Le he visto muy poco, pero a quien sí he visto es a su jefe, el coronel Goubert. Este me dijo que su información, sobre todo la de la primera vez, le interesaba mucho y que usted era ciertamente una mujer inteligente.

—¿Eso es todo?

—Me preguntó también si yo estaba al corriente de sus relaciones y le respondí que no.

—¿Por qué ha mentido? ¡Mi pequeño! ¡Mi pequeño!

Y eso fue todo, porque el tren se fue.

Denvignes, que también soñaba con la gloria, había dado marcha atrás. Había trocado sus libidinosas intenciones por una prisa enorme. La espía tuvo la sensación de un cierto aire de burla. Los hechos estaban lejos de desarrollarse según sus previsiones. Sobre todo, se dio cuenta con estupor de la duplicidad de sus interlocutores. El capítulo de las decepciones no había terminado aún: tuvo que pasarlo mal incluso para encontrarse de nuevo con Ladoux.

Después de varios intentos infructuosos, Mata-Hari consiguió finalmente encontrar al huidizo capitán.

El capitán Ladoux me pareció bastante extraño. No estaba sonriente como en otras ocasiones y parecía que le pasaba algo. Le pregunté si había visto al coronel Denvignes y si este le había hablado tal y como me había prometido.

—Le vi durante muy poco tiempo, no pasó más que un momento por aquí y no me dijo nada. ¿Es así como va usted a llamar a la puerta del embajador de Francia?

—He recibido una carta que parece ser un chantaje, y cuando no entiendo alguna cosa, voy y llamo a las puertas que haga falta.

—En todo caso, no debería olvidar que no me conoce y que yo no la conozco a usted. Además, que quede claro que no somos nosotros quienes hemos enviado a alguien al senador, y si alguien ha hecho esa tontería, será reexpedido al frente.

—Todo esto me da igual, pero me imagino que usted no tiene ningún interés en echar a perder mi trabajo por la intervención de pequeños agentes secretos. Si realmente un agente secreto ve alguna cosa que no entiende, que corra a la embajada de Francia y no a la casa de un senador español. Por otra parte, estoy muy sorprendida con la entrevista que estamos teniendo. ¿Esta es su manera de darme las gracias por los servicios que le he hecho?

—¿Qué servicios? ¿Los del señor Roland y su submarino?

—Olvida lo de la radio, lo del aviador y lo de la tinta secreta.

—Es la primera noticia que tengo.

—¿Cómo? ¿El coronel no se lo ha explicado?

—Ya le he dicho que sólo ha pasado por aquí. ¿Dice que tienen la clave de nuestras radios? El agregado militar la ha engañado.

—Aunque no hubiera más que una posibilidad entre cien de que su información fuera cierta, ya valdría la pena verificarlo.

—Evidentemente, pero me ha sorprendido mucho.

—A mí también. Voy a regresar a mi casa, porque no dispongo del suficiente dinero para quedarme más tiempo en París.

—Quédese aún ocho días más, si puede. Mientras tanto, pediré informes a Madrid.

Denvignes, avisado al final de las sospechas sobre Mata-Hari, había juzgado más prudente no hacer declaraciones de sus relaciones con ella. La enviada de los dioses caía desde lo alto. El oficio de espía se presentaba más complicado todavía que el de bailarina. Para cuidar de su personal, los responsables de los servicios secretos franceses retenían información y no osaban aventurarse en terrenos demasiado peligrosos.

Mata-Hari no supo nada más hasta el día de su detención. Ni siquiera se inquietó por las tergiversaciones de Ladoux. Sólo se preocupaba por resolver su situación financiera. El 8 de febrero telefoneó a Holanda para solicitar de nuevo la ayuda del barón Van der Capellen. El día 15 del mismo mes recibió, por medio del consulado, la suma de cinco mil francos.

Volvió a ver al único hombre que le ofrecía total confianza, el secretario general de Asuntos Exteriores, Jules Cambon. El talentoso diplomático nunca cedió a la locura general ni a la tesis de traición. Tomó parte y palabra a favor de Mata-Hari hasta el final.

Vadim de Massloff se manifestó en el mismo sentido pero de manera mucho menos efusiva, puesto que en el despacho de su superior se le había leído una carta de la embajada que daba a entender que frecuentaba a una «peligrosa aventurera».

Cuando llegó el momento de las explicaciones para él, desgraciadamente no tenía nada que contar. El bello amor de Mata-Hari por el cual ella estaba dispuesta a todos los sacrificios, hizo un triste papel.

Y en el momento crucial, el apuesto capitán brilló por su ausencia.

La amargura comenzaba a insinuarse. El control policial era cada día más evidente.

En el hotel, la situación se hizo rápidamente insoportable.

Mata-Hari se sentía espiada a todas horas por un personal cada vez más hostil.

El calificativo de «alemana» en tono despectivo la acompañaba a todas partes.

Desbordada por la situación, Mata-Hari escribió al capitán Ladoux:

> ¿Qué es lo que quiere de mí? Estoy dispuesta a hacer cualquier cosa que me pida sin exigir nada a cambio, no quiero ni saber el nombre de sus agentes porque soy una mujer internacional. No discuta mis métodos y no estropee mi trabajo con agentes secretos que no pueden ni entenderme. Creo que es totalmente legítimo que quiera que me paguen, porque además lo que quiero es irme de aquí.

La carta quedó sin respuesta. Mata-Hari, cansada de dar vueltas, se presentó en la comisaría de policía y pidió a Maunoury que dijera a Ladoux que quería ir a Suiza. Una vez, más su plan era sencillo:

> Tenía la firme intención de ir a Berna para encontrarme con el agregado militar alemán y utilizar con él el mismo truco que había utilizado con Von Kalle y dar así a la embajada de Francia toda la información que pudiera recoger. El señor Manoury me respondió que el capitán Ladoux estaba en la Riviera y que él no podía dar el visado para mi pasaporte sin su autorización. A esto añadió que el capitán estaría ausente por lo menos tres semanas.

Ladoux se ponía a cubierto, intentaba ganar tiempo. En cuanto a Mata-Hari volvía a hacerlo todo al revés, tomando la iniciativa de las acciones en lugar de esperar que le dieran órdenes. Trabajaba en el espionaje como en la danza; no podía esperar los contratos, los precedía.

Mata-Hari esperó en vano la respuesta de Ladoux. Los días anteriores a su arresto estuvo distrayéndose por un París polifacético, dominado cada día más por los militares. Se la pudo ver acompañada por oficiales. Del brazo de un polaco, asistió a *La señorita del Far West* en el Folies Bergère. La antigua bailarina era aún capaz de vivir de su pasado.

A pesar de esto, el fin se acercaba. El 10 de febrero de 1917, el Ministerio de la Guerra francés transmitió una nota al gobernador militar de París donde se precisaba:

1. Zelle Mac Leod pertenece a la Central de Información de Colonia, donde figura bajo la designación H21.

2. Ha venido dos veces a Francia desde el inicio de las hostilidades, sin duda con la intención de recabar información para Alemania.

3. En el transcurso de su segundo viaje, hizo ofrecimientos a los servicios de información franceses cuando, en realidad, como ha quedado demostrado por los siguientes puntos, tenía que haber dado parte al servicio de información alemán.

4. Fue arrestada por los ingleses cuando volvía a Holanda y fue expulsada a España, donde entró en contacto con el agregado militar alemán en Madrid, al mismo tiempo que ofrecía al agregado militar francés información sobre las actuaciones de los alemanes en España.

5. Un documento secreto del agregado militar alemán demuestra que esta hizo las confesiones mencionadas en los párrafos anteriores. Además, confesó haber recibido cinco mil francos del servicio de información alemán a principios de noviembre.

6. Remitió al agregado alemán una serie de informaciones de orden militar y diplomático que, a su vez, fueron transmitidas por él al Estado Mayor de Berlín.

7. Finalmente, ella aceptó volver a Francia, donde debía serle entregada una suma de cinco mil francos en transferencias sucesivas del cónsul alemán de Amsterdam y del cónsul general de Holanda en París.

Esta suma fue efectivamente cobrada por Zelle Mac Leod el 16 de enero del 1917, como muestra la fotografía adjunta del resguardo firmado por el señor Bunge, cónsul de Holanda, de quien no se conoce el papel que representó más que por la instrucción.

El golpe final se produjo en la mañana del 13 de febrero de 1917.

El comisario Priolet, acompañado por cinco instructores, arrestó a Mata-Hari en su habitación del hotel de los Campos Elíseos.

Fiel a su leyenda, había vivido sus últimos momentos de libertad entre el mayor lujo y el más fulgurante brillo.

CAPÍTULO 6

De la luz a las tinieblas

E n tiempos de guerra, el jefe de la acusación tenía una increíble importancia en un juicio :

> La mujer Zelle, Margaretha, llamada Mata-Hari, que vive en el Hotel Palace, de religión protestante, nacida en Holanda el 7 de agosto de 1876, de 1,75 m de altura, que sabe leer y escribir, está acusada de espionaje, intento de espionaje y complicidad con el enemigo a fin de favorecer sus maniobras.

Prisionera

Fue conducida a la prisión de Saint Lazare.

Incluso estando prisionera, Mata-Hari desataba los más ultrajosos comentarios. Algunos escritores dijeron que tomaba «baños de leche cotidianos, cuando casi era imposible conseguir este precioso líquido para los niños de París».

De su pasado de bailarina se extrapolaron incluso la suposición de que se desenvolvía por la cárcel totalmente desnuda y otras frivolidades parecidas. Sin embargo, la realidad era muy distinta. El correo que Mata-Hari redactó durante su estancia en la cárcel no deja ninguna duda sobre este tema. Fue sometida a las condiciones de detención de una prisionera completamente ordinaria, aunque disfrutó de una celda acolchada (si es que eso se puede considerar una ventaja) que evitaba cualquier intento irreflexivo de causarse daño. Las comodidades eran únicamente las justas, un colchón de paja y una pequeña luz de gas. Parece ser que la falta de agua se dejaba sentir cruelmente. Algunos días más tarde fue transferida a una sección especial reservada a los espías.

Mata-Hari tuvo que sufrir muy pronto otro tipo de vejaciones: las agresiones verbales del capitán Bouchardon, reportero militar, encargado de la instrucción del caso. Durante cuatro meses, este procurador meticuloso, que Joseph Caillaux describió como «impetuoso, de corpulencia mediana, siempre sin afeitar y pocas veces aseado», iba a ocuparse de demostrar la culpabilidad de la prisionera.

Para él, la bailarina y cortesana sería siempre una «espía nata que probó, manifiestamente, que era una espía».

Debido a la gravedad de los hechos, Mata-Hari estuvo siempre sola, en presencia de Bouchardon y de Manuel Baudoin, sargento escribiente y forense. Clunet, encargado por Mata-Hari de defenderla frente al tribunal militar, sólo pudo asistir al primer interrogatorio y al último, según manda el código militar.

Del 13 de febrero al 21 de junio de 1917, Mata-Hari pasó por catorce interrogatorios en el despacho de Bouchardon, en la Cancillería situada en el muelle de L'Horloge. El lugar resume por sí sólo la importancia del caso: insignificante. El propio Bouchardon lo definió «con dos sillas, una pequeña mesa de despacho y un armario vitrina que casi no entraba. Un día éramos dieciséis en un espacio para diez personas como máximo. Parecía que estuviéramos en un vagón del metro en hora punta».

Los cuatro primeros interrogatorios se ciñeron exclusivamente a la vida de Mata-Hari. Las aventuras de todo tipo ocupaban más tiempo que los hechos en sí mismos. Los gestos o supuestos gestos de simpatía no impresionaban en absoluto a Bouchardon y Mata-Hari le hacía frente valiente y oportunamente. El primero de marzo ella declaró con vehemencia:

> Al acabar protesté una vez más, porque no he hecho nunca espionaje ni intento de espionaje contra Francia. No he escrito nunca una carta que no debiera escribir. No he pedido nunca a ninguno de mis amigos algo que no me perteneciera y nunca he ido donde no tuviera que ir. Mi primera intención fue la de no quedarme más de tres meses en Francia. En ese momento, no pensaba más que en mis amantes. Las ideas de espionaje estaban muy lejos. Lo que sucede es que lo han cambiado todo.

A pesar de todo el capitán instructor creyó tener la prueba el 12 de abril. Estaba guardada en un tubo que contenía, según la opinión de los expertos, tinta secreta «que solamente podía encontrarse en España».

Después de toda una serie de análisis, los expertos militares concluyeron que aquello era una prueba irrefutable. Desgraciadamente para la acusación, el famoso tubo no contenía en realidad más que oxicianuro, producto que se podía encontrar fácilmente en las farmacias. Mata-Hari explicó con crudeza a Bouchardon para qué servía:

> Es un producto que se inyecta a fin de evitar el embarazo después de cada coito. Me fue entregado por un médico de Madrid el pasado diciembre.

La agente H21

Durante más de un mes, Bouchardon se olvidó de la prisionera de Saint Lazare. Mata-Hari, sumergida en las angustias de la incertidumbre, se cansaba de esperar. El primero de mayo fue conducida de nuevo la Cancellería. Durante este lapso de tiempo Bouchardon, que había conseguido nuevos elementos, afirmaba triunfante:

> Desde hace algunos días tenemos en nuestra posesión la prueba material de que usted representó la más audaz de las comedias para favorecer al contraespionaje más que a nosotros mismos. Usted es la agente H21 de la sección de la central de información de Colonia; enviada por segunda vez a Francia en marzo de 1916, fingió aceptar las órdenes del capitán Ladoux y efectuar un viaje a Bélgica por cuenta de nuestros servicios. En noviembre de 1916, en París, usted recibió de Alemania cinco mil francos. Y, por último, ha pasado información muy completa a Von Kalle sobre personajes de orden político, diplomático y militar.

El golpe fue duro, pero una vez más Mata-Hari lo afrontaría con fuerza:

> En este mismo momento está usted haciendo exactamente lo mismo que hizo el capitán Ladoux, quien quiso que fuera la agente AF44 del centro de Anvers, y lo que hizo Inglaterra al querer que fuera la agente Clara Benedix. Todos me toman por otra. Ciertamente existe una confusión importante. El capitán Ladoux y los ingleses también afirmaban tener pruebas. Y tuvieron que rendirse ante la evidencia. Además, os repito que no fui yo quien fue al bulevar Saint Germain.

Bouchardon clavó entonces la estacada:

> De acuerdo, puesto que lo que queremos es confundirla, sepa que tenemos el texto íntegro de una comunicación enviada el 13 de diciembre de 1916 por Von Kalle al estado Mayor de Berlín y que llegó a su destino. ¿Qué dice Von Kalle? «La agente H21 de la sección de la central de información de Colonia, enviada por segunda vez a Francia en el mes de marzo, ya ha lle-

gado. En Francia tuvo que fingir que aceptaba las propuestas del servicio de información francés así como viajes de prueba a Bélgica por cuenta de este mismo servicio. Yendo de España a Holanda con el *Hollandia* fue arrestada en Falmouth el día 11 de noviembre al ser confundida con otra persona. Así que el error fue reconocido, se la envió de nuevo a España ya que los ingleses continuaban sospechando de ella».

¿Se trata de usted, no es así? Nos ha dado suficientes detalles de su desventura en Inglaterra y de su relación con el agregado militar para que la identificación sea absoluta, y si esto es cierto, entonces usted es también la agente H21.

No nos haga creer que pudo engañar a Von Kalle sólo dándole su afiliación anterior al espionaje alemán y un número secreto inventado. Los medios han sido francamente muy poco cuidados puesto que, al mínimo control, ha sido usted desenmascarada.

Von Kalle debió tener que informarse bien antes de recibir la orden, el 23 de diciembre de 1916, de pagarle a H21 tres mil francos. Usted pedía diez mil como precio por sus informaciones. ¿Qué noticias había conseguido para que después de su viaje a Berlín se valoraran, si no en diez mil francos, sí al menos en tres mil? De hecho, el 26 de diciembre de 1916, Von Kalle le envió además tres mil quinientas pesetas y avisó a Berlín de haberlo hecho.

Mata-Hari apenas pudo justificarse:

España está llena de agentes alemanes. Y en un telegrama puede haber muchos errores. Es muy posible que Von Kalle hubiera querido saber quién era y cuáles habían sido mis relaciones. Pudo haberse dirigido al personal del hotel Ritz, hacer leer mi correspondencia y tener información muy completa sobre mí. Además, quiero informarle de que en el mismo *Hollandia* se detuvo a otra mujer alemana, la señorita Blume, que venía de Holanda y que fue enviada a no sé dónde. Pero este arresto no fue hecho durante la misma travesía que yo realicé. Sólo se lo oí contar al señor Beaufort, un holandés que suele viajar mucho.

Pero Bouchardon continuó, implacable:

—No existe confusión alguna, ya que la agente H21 precisó a Von Kalle que su sirvienta, que estaba en Holanda, se llamaba Anna Litjens.

—Von Kalle puede decir lo que quiera. Pudo muy bien, por los medios que he indicado, tener información sobre las noticias intercambiadas entre mi sirvienta y yo. Cuando telegrafío, suelo dar el papel al portero del hotel, yo no voy a correos. De todas maneras, no soy la agente H21. Von Kalle no me pagó nunca por ello y los cinco mil francos que recibí en noviembre de 1916, como los que recibí en enero de 1917, venían de mi amante el barón Van der Capellen.

Como prueba de lo que decía, Bouchardon evocó entonces dos comunicaciones de Von Kalle fechadas el 26 y el 28 de diciembre.

No nos cuente más la historia del barón Van der Capellen, porque sabemos perfectamente de qué forma y a través de qué intermediarios llegó usted a formar parte del espionaje alemán.

«H21 (dice la primera comunicación) pedirá a través de un telegrama al cónsul de Holanda en París que se haga una nueva entrega de fondos a su sirvienta en Roermond y le suplica avisar de esto al cónsul Krämer en Amsterdam».

«H21 (dice la segunda) llegará mañana a París. Pide que se le envíe enseguida, por telegrama y a través del cónsul Krämer en Amsterdam y de su sirvienta Anna Litjens en Roermond, cinco mil francos a la sucursal de pronto pago de París, para ser entregados en esta ciudad al cónsul de Holanda Bunge».

Así fue como, después de haber obtenido cinco mil francos el 4 de noviembre de 1916, recibió la misma suma el 16 de enero de 1917. Añadamos las tres mil quinientas pesetas que Von Kalle afirma haberle entregado. En tres meses y medio tenemos en total cerca de catorce mil francos procedentes del espionaje alemán.

En realidad, estamos lejos del millón que se había atrevido a pedir, pero estas sumas demuestran la calidad de sus servicios y su rango dentro del espionaje alemán. En todo caso, queda demostrado que su sirvienta es una intermediaria más dentro de la combinación y que en todas las cartas donde ella le anuncia envíos de fondos de Van der Capellen no son más que una farsa y una comedia.

Lentamente, Mata-Hari perdía fuerza ante la precisión de los ataques de Bouchardon.

He telefoneado e incluso telegrafiado desde el hotel Ritz a mi sirvienta para que me enviara dinero. Soy de verdad la amante de Van der Capellen, coronel segundo de los húsares, hombre casado y que, dentro de un pequeño estado como el nuestro, en el que la censura es excesivamente severa, me expresó siempre el deseo de que nunca le enviara telegramas o cartas que hablaran de sentimientos o de dinero. Mi sirvienta, una mujer muy decorosa, después de ocho años a mi servicio, está al corriente de mis aventuras amorosas y siempre ha servido de intermediaria entre el coronel y yo.

A continuación, Bouchardon pasó a hablar de temas tan sensibles como precisos: el uso de las tintas simpáticas por parte de los franceses, el desembarco aliado en la desembocadura del Escalda, el transporte de espías a líneas alemanas y el problema del espía belga Allard.

—¿Qué hay de la tinta secreta que le dieron los alemanes antes de sus entrevistas con Von Kalle?

—Le repito que no tuve ningún contacto con los alemanes antes de haber visto a Von Kalle. Razón de más para no haber tenido nunca la tinta de la que me habla.

—Entonces, vamos a mostrarle estos documentos. El 6 de marzo Berlín, que ignoraba aún su arresto, escribió en estos términos a Von Kalle: «Rogamos se nos informe si la agente H21 ha recibido la orden de usar en sus comunicados la tinta secreta que le fue entregada y si se le ha explicado que esta no puede ser descubierta por el enemigo». El 23 de diciembre precedente, para su tranquilidad, el servicio de espionaje alemán dirigió a Von Kalle el comunicado siguiente: «La tinta que H21 ha recibido no puede ser descubierta por los franceses si el pa-

pel de carta no se ha tratado antes y después del empleo de la
tinta simpática según las instrucciones».

—No entiendo nada de lo que dice sobre esa historia de la
tinta. No he usado nunca tinta simpática. ¿Dónde la habría es-
condido cuando Inglaterra registró mis baúles y verificó quími-
camente mis artículos de aseo? Además, yo no soy la agente
H21.

A pesar de las negaciones de Mata-Hari, Bouchardon
insistió:

—Le proponemos reflexionar sobre todo lo que nos ha obligado a reproducir esta noche. Usted ha hablado de algunas informaciones dadas al coronel Denvignes o al capitán Ladoux y
sobre el valor y el carácter inédito de estas, de las cuales permí-
tanos tener nuestras reservas. Pero yo me pregunto: ¿Podría haber actuado de otra manera? Parece ser que le fue difícil estar
en Madrid, donde nuestros servicios la vigilaban estrecha-
mente, y visitar a Von Kalle sin tenerse que preocupar por la explicación que tendría que darnos. Por otro lado, las comunicaciones de Von Kalle no cesaban de informar a Berlín de que
cualquier retraso, cualquier prolongación de su estancia en Madrid podían comprometerla. ¿Fue entonces cuando, para justificar sus visitas al agregado militar y desviar nuestras sospechas,
tuvo que simular que entregaba algunos informes de cierta re-
levancia a Francia? Sin duda, un niño lo habría hecho mucho
mejor y, francamente, usted es demasiado experta para haber
actuado así.

—Yo no me ofrecí a Francia. Lo digo una vez más. Y no soy
experta en espionaje puesto que nunca había pensado en esto
hasta que el capitán Ladoux me lo propuso. Ignoro cómo se
hace y cómo se debe hacer. Le dije: «Capitán, cuando le pase la
información, verifíquela, por favor, antes de utilizarla, puesto
que se la pasaré tal y como la habré escuchado». Y cuando me
ofreció tinta secreta francesa, la rechacé. Aunque, pensándolo
bien, habría sido un bonito regalo para llevar a Alemania en
caso de haber servido a este país... Cuando me ofreció ponerme en contacto con sus agentes, también rehusé conocerlos.
Si hubiera estado al servicio de Alemania, ¿no cree que habría

sido más inteligente aceptar para poder entregarlos después? Cuando me pareció intuir un poco de desconfianza en el capitán Ladoux, le dije: «No quiero saber nada de usted ni de su organización. Sólo le pido una cosa, déjeme hacer a mi manera y no discuta mis métodos». «Está bien», me respondió, y me tendió la mano.

—Mirándolo de otra manera, nos parece difícil que usted desconociera los informes detallados que Von Kalle transmitió a Berlín. Como, por ejemplo, cuando el 23 de diciembre de 1916, el agregado militar informó a sus superiores que H21 solicitaba urgentemente que se le enviaran, por telegrama y a través de su sirvienta, cinco mil francos a la sucursal del Banco de París. No pudo inventarse nada ya que el 16 de enero de 1917 todo se realizó según lo previsto. Parece evidente que usted le indicó los pasos que debía seguir y que este transmitió fielmente su solicitud a Alemania.

—Lo único que hice fue telefonear a Londres desde Madrid para decirle a Anna Lintjens que le pidiera al barón que me ayudara.

—Pero esto no explica cómo pudo avisar Von Kalle a Alemania sin que usted le diera detalles de la suma, del intermediario, de la ciudad y de la sucursal de crédito contenidos en el comunicado.

—Puede que lo supiera por el telegrama que le envié a mi sirvienta.

El interrogatorio fue muy duro e intenso, y Mata-Hari tenía cada vez menos fuerzas para contener los continuos ataques a los que era sometida por Bouchardon, sin tener ni siquiera un respiro.

El capitán instructor, preciso y meticuloso en extremo, iba ganando puntos rápidamente gracias a los famosos telegramas.

Para mermar el sistema de defensa de Mata-Hari y hacerla dudar aún más, Bouchardon la dejó consumirse en su celda durante tres semanas. Esperaba así acabar con sus últimas fuerzas.

De la bravata a la confesión

Bouchardon consiguió el resultado deseado sólo en parte. Mata-Hari se presentó ante él y expresó más sus remordimientos que su confesión verdadera.

> Hoy me he decidido a decirles la verdad. Si no lo había hecho hasta ahora era porque sentía vergüenza por lo que explicaré ahora. Hacia mayo de 1916, yo me encontraba en mi casa de La Haya, era tarde y la vieja Anna se había acostado ya. Llamaron a la puerta. Fui yo misma a abrir y me encontré delante del se-

ñor Krämer, cónsul alemán en Amsterdam, quien ya me había anunciado por carta su visita, pero sin explicarme la finalidad de la misma.

El cónsul sabía que yo acababa de pedir un pasaporte para ir a Francia. Y empezó diciéndome:

—Sé que va usted a Francia. ¿Querría hacernos un servicio? Se trata de recabar información de todo tipo que pueda ser interesante para nosotros. Si quisiera hacer esto por nosotros, puedo ofrecerle hasta veinte mil francos.

Objeté que en realidad no era demasiado dinero. Y él me dijo:

—Es cierto, pero para conseguir más, debería mostrarnos de lo que es capaz y entonces podría tener todo lo que quisiera.

No le di en ese momento una respuesta definitiva y le pedí tiempo para reflexionar. Cuando estuve sola de nuevo, consideré que después de mi paso por el teatro, los alemanes me habían dejado dinero a deber y pensé que esa sería una buena manera de sacarles todo lo que pudiera. Así que escribí a Krämer: «Lo he pensado y puede traerme el dinero».

Una vez recibida mi carta, el cónsul vino a casa y me dio los veinte mil francos en un cheque de la banca francesa. Al mismo tiempo me dijo: «Tendríamos que usar tinta secreta en nuestras cartas», a lo que yo añadí que a mí no me gustaba demasiado esa manera de proceder, sobre todo si tenía que firmar con mi nombre. Me dijo que existían tintas que nadie podía leer y que yo no tendría más que firmar con el código H21, que él me daba. Allí mismo me dio tres pequeños frascos numerados del uno al tres que contenían, el primero y el tercero, un líquido blanco y el segundo un líquido verdiazul, de un tono ajenjo. Con el número uno mojé el papel, con el dos escribió y con el tres borró el texto. Me dijo: «Así es como debe usarlos, y después puede escribir sobre la hoja una carta sin importancia con tinta normal. Dirigirá su correspondencia a mi nombre al Hotel de Europa de Amsterdam».

Con los veinte mil francos en el bolsillo hice una reverencia a Krämer, pero les aseguro que no le escribí ni una palabra durante toda mi estancia en París.

Quiero añadir, además, que una vez dentro del canal entre Amsterdam y el mar, tiré al agua los tres frascos después de haberlos vaciado previamente.

Más tarde, cuando me encontré con el capitán Ladoux, este me dijo:

—Me extraña que mi colega alemán no la hubiera enrolado a su servicio.

A lo que yo respondí:

—No lo ha hecho por la sencilla razón de que no me conoce lo suficiente.

—Si algún día se diera el caso... Pero dejemos eso para más tarde.

—Capitán, usted tendrá de mí todo lo que quiera. No sabe aún el poder que tiene usted teniéndome a su disposición.

—Tiene que darnos pruebas, cuando estemos seguros de que está realmente de nuestra parte procederemos como merece.

—¡Qué pena y qué pérdida de tiempo!

Y pensé que desde el momento en que se negociaba así, no podía ofrecerle mi secreto y ofrecerle mi gran jugada a cambio de nada.

Fue un grave error de juicio y una prueba de su insigne inocencia, ya que al no revelar a Ladoux lo ocurrido con los alemanes, Mata-Hari entraba dentro de una espiral de mentiras que le resultaron fatales.

La antigua bailarina imaginaba que podía jugar a su manera con los servicios secretos de los diferentes países y obtener dinero fácil de todos ellos, cuando en realidad era sólo un peón insignificante.

Después, cuando me preguntó si quería entrar por Suiza o por Inglaterra, me apresuré a escoger la segunda opción puesto que no confiaba poder pasar por Alemania sin más, porque allí podían fácilmente pedirme cuentas de los veinte mil francos que había recibido, sin hacer nada a cambio. Si, en ese momento, hubiera tenido alguna cosa sobre mi conciencia con respecto a Francia, me hubiera apresurado a aceptar la entrada que se me ofrecía por Alemania.

Cuando me enviaron a Madrid, las circunstancias me obligaron a hacer lo que ya saben. El capitán Ladoux no me había pagado nada. Había abusado de mi confianza y sólo me quedaban unos cientos de pesetas. Hay mujeres que en mi situación habrían robado. Mis gastos subían y, de París, no recibía nada.

Fue entonces cuando fui a ver a Von Kalle, que no sabía nada de mí. Quería por lo menos asegurarme el pasaje de vuelta a Alemania y estar segura de que no me arrestarían una vez allí. Yo le di, gracias a mis lecturas de periódicos y mis recuerdos, algunas informaciones o algunas apreciaciones que no tenían ninguna importancia y que no les podían perjudicar.

Von Kalle telegrafió entonces a sus superiores para saber si podía darme el dinero que pedía. Había pedido diez mil francos a Berlín. Berlín respondió que no se me entregara nada. Ignoro si una respuesta posterior autorizó al agregado militar a darme algo.

Es verdad que Von Kalle me dio tres mil quinientas pesetas pero todo me hace creer que se trataba de dinero personal. Había tenido en su despacho numerosas «intimidades» conmigo, y me ofreció un anillo. Como no me gustan ese tipo de joyas, decliné su ofrecimiento; me imagino que las tres mil quinientas pesetas fueron la compensación.

Por lo que atañe a los dos cheques de cinco mil francos recibidos en París, podría ser que el dinero viniera de Krämer, puesto que antes de dejar Holanda indiqué a mi antigua sirvienta, que no sabía nada sobre el asunto, que en caso de que yo la telegrafiara para enviarme dinero, ella podría presentarse con mi correspondencia telegráfica en el hotel de Europa y preguntar por el cónsul Krämer. Quedó bien claro, aún así, que debía hacerlo sólo en el caso de que el barón Van der Capellen no pudiera recibirla. De hecho, telegrafié a mi sirvienta en octubre de 1916 e hice pasar mi despacho por el consulado de Holanda quien se encargó de hacerme avisar. Envié un telegrama análogo en enero. De todas maneras, dudo que Anna hubiera tenido necesidad de recurrir a Krämer y juraría que el dinero venía simplemente del barón. Por lo menos eso es lo que ella me escribió.

Bouchardon podía estar satisfecho. Mata-Hari había pasado de la negación vehemente a una confesión teñida de remordimientos.

Escuchándola, la actitud de Ladoux se mostraba esencial en la evolución de su estado de ánimo y quedaba claro que era él quien lo había iniciado todo. Pero Bouchardon seguía con su lógica implacable:

> Hemos grabado sus confesiones pero le queremos plantear un razonamiento muy sencillo que nos parece resumir todo el asunto. Cuando estaba en presencia de nuestro servicio de información, escondió cuidadosamente sus relaciones con Krämer, el código H21 y la misión que había recibido. Pero, cuando se encontró frente a Von Kalle, lo primero que hizo fue revelar que había fingido aceptar una misión del servicio francés.
>
> Así pues, a los franceses les esconde que ha sido enrolada por el servicio secreto alemán y a los alemanes les da a conocer sus relaciones con los franceses. ¿A quién cree haber servido actuando así? ¿Y a quién ha traicionado, a Francia o a Alemania? Me perece que no hace falta que responda.

Utilizando su lógica, Mata-Hari intentó justificar la actitud que Bouchardon creía ambigua:

> Si mi actitud hacia los franceses ha sido otra que hacia los alemanes, es porque pretendía hacer daño a los segundos, intención que realicé, mientras que no pretendía más que hacer el bien a los franceses, intención que pude llevar a cabo también. Yo no podía entrar en Alemania sin nada en las manos. Tenía que hacerles creer que trabajaba para ellos, cuando en realidad era con los franceses con quien estaba. En cuanto obtuve cierta información de Von Kalle intenté localizar en tres ocasiones al capitán Ladoux en el bulevar Saint Germain. Si le hubiera encontrado le habría dicho: «Aquí tiene una prueba de mi buen hacer. Ahora podemos ponernos de acuerdo».

Bouchardon volvió a su lógica personal:

> Perfectamente se podría dar a sus actos una interpretación muy diferente. Le era imposible ponerse en contacto con Von Kalle

sin el riesgo de ser vista por nuestros agentes. Entonces se ve en la necesidad absoluta de tomar la delantera y venir a decirnos: «Voy a casa de Von Kalle, pero es por ustedes». Cualquiera que esté relacionado con el espionaje sabe que cuando un agente de Alemania se encuentra en su situación, el enemigo le provee siempre, para inspirar confianza, de informaciones verdaderas, pero que pierden su valor una vez divulgadas.

Mata-Hari protestó, se contradijo y se delató:

Yo les aseguro que esta suposición no vale nada. No he hecho nunca espionaje. He vivido siempre por amor y por placer. Nunca he estado con nadie que pudiera darme información. No he intentado tampoco entrar en círculos más elevados. Dicho esto, añado que los datos que me dio Von Kalle no eran ni viejos ni sin valor. El coronel Denvignes me dijo que el coronel Goubert los había encontrado interesantes.

Y Bouchardon, hundiendo más el clavo, continuó:

Acaba de demostrar su ignorancia en materia de espionaje. Pero esto no tiene mucho que ver con el gran golpe que proponía ni la suma de un millón en la que valoraba su trabajo.

Bouchardon le recordó además el resultado del seguimiento al que Mata-Hari había sido sometida desde su entrada en territorio francés:

En Francia, ha estado bajo vigilancia desde junio de 1916, desde que intentó en el Gran Hotel entrar en contacto con los oficiales de paso de cualquier nacionalidad. Además, el 12 de julio comió en el Gran Hotel con un militar que debía de ser el teniente Hallaure. El 15, 16, 17 y 18 de julio convivió con el comandante belga de Beaufort. El 30 de julio se divirtió usted con un comandante montenegrino en misión, el señor Yovil-chevilch. El 3 de agosto fue vista con el subteniente Gasfield y el capitán Massloff. El 4 de agosto cenó con el capitán italiano

Mariani, en Armenonville. El 16 de agosto cenó en la estación de Lyon con el capitán del Estado Mayor Gerbaud que se iba a Chambéry. El 21 de agosto fue a Armenonville con un oficial inglés. El 22 de agosto comió con dos oficiales irlandeses, James Plankette y Edwin Cecil O'Brien. El 24 de agosto comió con el general Baumgarten. El 31 de agosto comió de nuevo en Armenonville con un oficial inglés que había llegado ese mismo día, Fernie James Stewart.

En resumen, si se atan cabos resulta que sus relaciones diarias con los oficiales podían procurarle, sin duda, un conjunto de informaciones de naturaleza interesante para Alemania, sin que a sus informadores se les pudiera reprochar más que una simple imprudencia.

En medio de este cuadro de caza impresionante, Mata-Hari se atrevió a replicar a las inquietantes coincidencias sin ningún pudor:

Me gustan los oficiales. Me han gustado toda la vida. Prefiero ser la amante de un oficial pobre que la de un banquero rico. Mi mayor placer es acostarme con ellos sin tener que pensar en el dinero. Además, me gusta ver las diferencias entre nacionalidades. Pero le juro que las relaciones que he tenido con los oficiales que acaba de mencionar sólo se inspiraban en los sentimientos de los que le hablo. Además, fueron ellos quienes me buscaron. Yo les decía que sí con todo mi corazón y se iban contentos de no haber tenido que hablar de la guerra y de que yo no les preguntara nunca nada indiscreto. No retuve más que a Massloff, porque le quería.

La traición, el amor, el dinero. Mata-Hari estaba constantemente con los pies en falso. Sin querer mentir, lo había hecho, aunque sólo fuera por omisión.

Por descontado, a los ojos de un comisario militar la mentira era sinónimo obligado de traición, y tenía el telón de fondo de la sanción suprema. Ella, incapaz de oler el peligro, persistía en sus contradicciones.

Había traicionado sin traicionar, mentido sin mentir, engañado sin engañar, tenido en su poder tintas secretas sin poseerlas en realidad. En el espíritu de la bailarina, la única finalidad verdadera era la de conseguir dinero, sin que importaran los medios para compensar la pérdida de sus pieles, por amor al capitán Massloff, por el juego sutil de la seducción, para no perder el lujo y los palacios que la enloquecían y que daban sentido a su existencia.

Mata-Hari había creído poder manejar a los hombres de los servicios de información como manejaba sus amores: según el impulso del momento. Pero en materia de espionaje, el riesgo era mucho más alto y ella manifestó una puerilidad a toda prueba. Había demostrado su temperamento primario, que era puro instinto. Exactamente todo lo contrario de lo que se espera de un espía: reflexión, moderación, discreción extrema.

Además, la manera en que había conseguido obtener dinero de Krämer jugaba en su contra y Bouchardon no dejaba de subrayarlo:

> Nos resulta difícil creer que Krämer le diera veinte mil francos sin que usted diera nada a cambio, sin ninguna prueba. Alemania no suele dar nada por nada, y las sumas que puede invertir en sus agentes por gastos de viaje u otros conceptos similares están muy lejos de tal cifra. Está claro que usted debía haber trabajado *anteriormente* para el enemigo y nuestros razonamientos se apoyan, además, en las declaraciones que usted hizo a Von Kalle.

¡Implacable lógica militar!

> Sabemos por las primeras comunicaciones de esta persona que usted había sido enviada por el espionaje alemán *dos veces* a Francia. Nos ha hablado de la segunda vez. Háblenos ahora de la primera.

Mata-Hari intentó defenderse, una vez más, con su lógica personal:

> No se envía a ninguna parte a una mujer como yo, que tiene casa y amantes en Holanda, sin darle nada a cambio. En cuanto a mi primer viaje a Francia, no tuvo nada que ver con Krämer; sólo le dije a Von Kalle que había estado dos veces en Francia, no le dije que me habían enviado. Era normal que Krämer me diera dinero cuando pasaba las noches conmigo, me dejaba sus sucias huellas y me encargaba obtener información. La molestia bien valía los veinte mil francos.

El 1 de junio, volviendo al tema de las importantes sumas de dinero, Bouchardon insistió en lo que ya había dicho:

> —No estamos de acuerdo con usted. Ya hemos instruido un buen numero de casos de espionaje. Conocemos las tarifas de los alemanes y podemos decirle que, en comparación con los precios actuales, la suma nos parece colosal. Sabemos de un oficial en activo de nuestra armada, al ofrecer sus servicios al espionaje alemán, pidió veinte mil francos y rápidamente lo despidieron.
>
> —Es posible que los alemanes no hubieran tenido confianza en un oficial que venía a ofrecerse a ellos, mientras que al tenerme a mí a su disposición tal vez se imaginaron, erróneamente por cierto, que yo estaba en situación de hacerles grandes servicios. Por otra parte, no se le proponen a una mujer de mi posición misiones de este tipo sin pagárselas generosamente. Además, no podía olvidar las pieles que los alemanes se habían quedado y lo único que hacía era resarcirme del daño ocasionado.

Para él, aquello era traición; para ella, sólo resarcimiento. Por la experiencia de él y la inexperiencia de ella, entre Bouchardon y Mata-Hari el malentendido era total. Como no creía haber hecho ningún trabajo para los alemanes, no se consideraba una espía. De la misma manera, cuando destruyó las muestras de tinta simpática consideró que «se purificaba en lo referente al espionaje alemán». Todo lo contrario, creía haber prestado un gran servicio a Francia en justificación de la paga a la que se refería como «mi millón».

El mismo diálogo de sordos se produjo en el careo con Ladoux, el jefe de los servicios secretos de información franceses.

—Mac Leod nunca fue «contratada». De hecho, un agente es contratado en el momento en que recibe una misión, un número de orden, medios de comunicación y dinero. Mac Leod sólo recibió la indicación, puesto que volvía a Holanda, de esperar que un agente del servicio de información francés fuera a verla y le diera, llegado el caso, las instrucciones pertinentes.

—El capitán fue mucho más allá de lo que afirma. ¿Cómo creen que me iba a marchar si sólo se trataba de eso? Sabía perfectamente que yo iba a verme con el Estado Mayor de Bélgica.

—Precisamente porque ignoraba el valor de las alegaciones de Zelle Mac Leod, que afirmaba que podía entrar en contacto con el Estado Mayor alemán, me fue imposible darle una misión antes de que nuestros servicios de información en Holanda me dieran indicaciones sobre el tema.

Eso es lo que afirmaba Ladoux. Después, el tema del dinero volvió a aparecer:

—Le pedí un millón si lo conseguía. No tenía nada que perder.

—No se puede confiar una misión a un agente hasta que no se está completamente seguro de él. Mac Leod me parecía muy sospechosa.

—¿Por qué no quiso jugar con las cartas sobre la mesa? Lo complicó todo pidiendo pruebas de antemano y con eso me quedé atrapada.

—Cada vez que nos encontrábamos le pedía que me dijera todo lo que sabía sobre la organización alemana. En muchas ocasiones le pregunté incluso si conocía a «la fraulein de Anveres»[3], que era la jefa de todo el espionaje alemán en Bélgica contra Inglaterra y Francia. Usted siempre me respondió que no la conocía en absoluto.

—No le dije nada porque no quería pagarme y no me sentía obligada de ninguna forma a ofrecerle tan pronto mi gran secreto.

—Entonces, puesto que dice que estaba absolutamente entregada a Francia, hubiera sido mejor decirme la verdad.

—En todo caso, nunca llegué a realizar la misión que Krämer me encomendó.

En aquel punto Bouchardon intervino en la discusión:

—Le queremos demostrar que, incluso bajo ese punto de vista, llevarse bien con el enemigo está considerado por nuestra ley como un crimen equivalente al de pasar efectivamente información al enemigo.

—Entonces vuestra ley es espantosa. De haberlo sabido, no hubiera puesto nunca los pies aquí.

Últimos careos

El 30 de mayo, al terminar con Ladoux, Bouchardon solicitó el testimonio del atento coronel Denvignes. El agregado militar había perdido su soberbia y depuesto su celo. Como muchos otros después de él, se desentendió totalmente.

Mata-Hari no tuvo tiempo más que para recordar las contradicciones del fogoso coronel:

El coronel tergiversa muy hábilmente el sentido de nuestra relación. Se olvida de contar que corrió detrás de mí hasta hacer

3. Véase página 171.

el ridículo. Dos veces al día venía a por mí y tomábamos té o café en el hotel Ritz delante de todo el mundo mientras me llamaba «mi niña» o «mi pequeña».

Reconozco de todas maneras que no llegué a ser su amante. Pero me propuso vivir con él, diciendo que yo alegraría su hogar. Un hombre del rango del coronel Denvignes no debería haber conducido a una mujer a la desgracia. Cada vez que me pedía que fuera su amante, yo le tenía que explicar que estaba enamorada de un capitán ruso con quien me iba a casar. Aun así, me invitó a cenar con él en París y me citó en el Hotel de Orsay.

En cuanto a sus suposiciones sobre mi pertenencia al espionaje alemán, son algo completamente ridículo. Si él lo hubiera creído alguna vez, no se habría mostrado conmigo como lo hizo en Madrid. Incluso se guardó de recuerdo un ramo de violetas y una cinta.

En realidad, ahora me doy cuenta que es el coronel quien se presentó ante mí. Todo el mundo sabe en Madrid, donde he actuado como bailarina, que Mata-Hari y Mac Leod son la misma.

Quiero añadir que al día siguiente, a las 14 horas 30 minutos, el Sr. Denvignes vino a sentarse al salón de lectura del Ritz porque sabía que yo aparecía a esa hora. Me recibió con estas palabras: «Adivine por quién he venido». «¿Por mí, quizá?», pregunté. A continuación me hizo algunos cumplidos y me pidió que cenara con él en el Ritz, a lo que contesté afirmativamente.

Por la noche, a la hora del baile, estaba con los señores de Witt y Van Aersen cuando se acercó a nosotros el coronel, y aprovechando que mis caballeros debían bailar con otras mujeres, pasó conmigo toda la velada. Me preguntó qué había venido a hacer a España y por qué no había vuelto directamente a Holanda. Y fue entonces cuando le dije: «Soy de los suyos, y si le hubiera conocido más, habría sido a usted a quien le habría dado la información que acabo de enviar a París». Después de esto le conté mi desventura en Falmouth.

Fue entonces cuando le hablé de Kronprinz y del duque de Cumberland, pero para decir que el primero tenía una sonrisa tonta y que se llevaba muy mal con su cuñado, el duque de Cumberland, a quien conozco bien y al cual me puedo dirigir cuando quiera. Le conocí cuando era amante de Keipert y cenó conmigo muchas veces.

Quiero insistir en el hecho de que, la segunda vez, fue el coronel quien me envió a casa de Von Kalle. Por otra parte, no fue el señor Denvignes quien me pidió que le pasara información sobre los desembarcos en Marruecos. Él no sabía nada de todo eso. Al contrario, fui yo quien le dio esa información, y él se quedó estupefacto, tan sorprendido que al día siguiente vino a verme y me pidió que procurara ser más precisa. Es mentira que me hubiera pedido que le contara con precisión una operación de desembarco que podía evitar.

El coronel Denvignes creyó la información que le di. Estaba equivocado, porque el 4 de enero di la misma al capitán Ladoux y este se quedó sorprendido y dijo, textualmente, que no podía creérselo. Yo añadí que si el coronel hubiese tenido la más mínima sospecha de mí, siendo agregado militar como era, no habría seguido viéndome.

No tengo más que otra cosa que añadir: el testigo habla con maldad y por despecho amoroso. Por otra parte, estoy convencida de que este coronel, sabiendo que tenía a Massloff como amante, fue quien inspiró la desagradable carta que el agregado militar ruso escribió al coronel del primer regimiento especial imperial ruso y en la que se me calificaba de aventurera peligrosa y se indicaba a Massloff que debía interrumpir nuestra relación.

De la misma manera, el general comandante de la unidad donde servía Massloff había respondido a un delegado de la Cruz Roja rusa que le interrogó sobre el caso Mata-Hari:

> ¿Se trata de una gran mujer morena de aspecto exótico? En ese caso, le aconsejo que no se mezcle con ella. He tenido informes muy negativos referentes a esa mujer.

En cuanto a Denvignes, Bouchardon no se hacía ninguna ilusión en cuanto a la veracidad de lo que decía. En sus *Mémoires* dijo, principalmente, que el coronel estaba «enamorado como un suboficial». Pero la solidaridad del uniforme obliga.

El testimonio del capitán Massloff fue aún más lamentable.

No creyó conveniente presentarse personalmente, de forma que envió su testimonio por escrito al tribunal. De esta forma se desentendía orgullosamente del problema de Mata-Hari, afirmando que su relación tenía muy poca importancia y que él ya tenía intenciones de romper con la bailarina mucho antes de que fuera encarcelada.

Cuando Bouchardon le insinuó esto con un comentario, Mata-Hari se volvió contra ella misma. Sólo dijo:

> No tengo nada que añadir.

A pesar de todo, la bailarina no le guardaba rencor. Poco antes del juicio escribía al teniente Mornet, comisario del gobierno:

> Mi teniente:
> Esta misma mañana he recibido la carta en la que me ha dado a conocer la citación de algunos testigos que yo había solicitado.
> Le estaría muy agradecida si quisiera eliminar uno de ellos: el capitán Massloff.
> He pensado mucho y la sola idea de volver a verlo en una situación semejante me ha hecho llorar ya tanto que sé que, delante del consejo de guerra, cuando esté frente a él, será mucho peor.
> Me conozco. Mientras no lloro, todo va bien, pero una vez que empiezo, no hay nada que hacer conmigo. Se verían obligados a aplazar la audiencia.
> Este es el hombre que más quiero en el mundo y el único al que no tengo fuerzas para ver.
> Espero que usted entienda el sentimiento que me lleva a pedirle que no cite al capitán Massloff en la audiencia. Además,

ya existe un informe donde él declaró que yo nunca le había preguntado nada sobre la guerra, y creo que esto será suficiente.

Dicen que los lobos nunca cazan en solitario, así que Bouchardon encontró todavía más testigos dispuestos a confirmar el pasado de espía de Mata-Hari. Como ejemplo podemos citar el caso de la señora Breton, directora de la casa de costura Florens, situada en el número 112 de la calle Réamur, «quien dijo que la señora Zelle se había ofrecido para conseguirle un pasaporte falso que le permitiera desplazarse a Holanda y de ahí a Alemania y reunirse así con su marido, que estaba prisionero». ¿Verdad o mentira? ¿Prueba evidente de culpabilidad o pura fantasía? Cuando acabaron las declaraciones de los testigos, la decisión ya estaba tomada.

En el transcurso del último interrogatorio, Mata-Hari, fiel a sí misma, esculpiendo su leyenda y meciéndose entre dulces ilusiones, reveló el más increíble proyecto, que ni el hombre más hábil de los servicios de información hubiera podido imaginar:

Les pediría que reflexionaran sobre este punto: ¿Dónde radicaba mi interés?

El capitán Massloff me había pedido casarme con él. Yo era su prometida.

Lo único que quería era vivir con él y ser feliz. Evidentemente, al tratarse de un oficial ruso, para conseguirlo sólo podía recurrir al dinero de los aliados.

Entonces ofrecí, con toda lealtad, mis servicios al capitán Ladoux, pidiéndole que no discutiera mis métodos y que se fijara sólo en el éxito.

Hoy, cuando ustedes me interrogan por última vez, voy a confiarles lo que yo pretendía hacer.

Verán qué buena idea era y cuánta perspicacia le faltó al capitán Ladoux.

Yo había sido la amante del hermano del Duque de Cumberland. Este, como todos saben, se había casado con la hija de Guillermo II y había tenido conmigo algunas relaciones íntimas. Yo sabía que su cuñado le había hecho jurar que no reivindicaría nunca el trono de Hanovre. Él exigió que este juramento le incluyera sólo a él mismo y no a su descendencia. Existía entre él y Kronprinz un odio feroz. ¡Y era ese odio lo que yo me disponía a explotar en interés de Francia y en el mío propio! ¿Se dan cuenta de qué servicio habría podido hacerle a Francia?

Me habría vuelto a relacionar con el duque de Cumberland y lo habría hecho todo para separarle de Alemania y ponerle del lado de los aliados.

Me habría sido suficiente prometerle, en caso de victoria de los aliados, el trono de Hanovre.

Quiero añadir que, puesto que venía de Francia, yo estaba limpia de todo contacto con los alemanes. No tenía ninguna intención de hacer de espía para nadie. Fue únicamente en el despacho del capitán Ladoux y pensando en mis proyectos de boda cuando, de repente, lo vi todo claro. Toda mi vida he sido muy espontánea.

Nunca he sabido ir paso a paso. Veo grandes metas y me lanzo a conseguirlas.

Lo quiero decir muy alto. Todas mis estancias en Francia han estado limpias de ningún contacto sospechoso. Nunca he escrito cartas que pudieran ni siquiera parecer cartas de espionaje. Sólo he estado con gente limpia de toda sospecha. A nadie le he preguntado sobre la guerra y nadie os ha podido decir que yo le preguntara nada referente a este tema. Tengo la conciencia limpia.

Dejé vuestro territorio proponiéndome hacer, de todo corazón, lo que había prometido.

Si hubiera querido hacer algo por Alemania, me parece que me habría quedado aquí. El hecho es que, contrariamente, decidí pasar a territorio holandés, lo que prueba mi intención de seguir con ustedes.

Con esta finalidad, era necesario que volviera a relacionarme con los representantes de Alemania. Por eso vi al agregado militar Von Kalle y, recordando mis últimas lecturas en la prensa francesa e inglesa durante cuarenta y tres días, compuse una especie de informe. Cualquiera un poco inteligente habría hecho lo mismo.

A la vez, y con el fin de darle al capitán Ladoux una muestra de mi arte, puesto que quería pruebas gratuitas, fui lo suficientemente hábil como para sorprender a Von Kalle con una serie de informaciones muy interesantes para Francia. Al menos así lo demostró el coronel Denvignes, quien, al conocerlas, se apresuró a transmitirlas al coronel Goubert como si él mismo las hubiera obtenido.

En resumen, a Von Kalle no le di más que viejas noticias y, sin embargo, aporté a Francia información actual e inédita. Al menos así eran cuando se las ofrecí al coronel Denvignes. Él recibió los honores, y yo, la cárcel.

La alocada ambición de Mata-Hari era cambiar el mundo gracias a sus relaciones íntimas con personas de la aristocracia.

Por otra parte, era algo totalmente acorde con la mitomanía de la bailarina, absolutamente en la línea de la hija del «barón Zelle», la heredera de las bailarinas sagradas o de la descendiente de los príncipes de Java.

Esperando lo irreversible

Una vez terminada la instrucción, Mata-Hari tuvo que pasar en Saint Lazare por lo menos otro mes antes de que se llevara a cabo el juicio.

Como estaba convencida de su inocencia, se preocupó demasiado poco por su defensa.

El abundante correo que enviaba desde la prisión muestra preocupaciones demasiado terrenales para una futura condenada a muerte. En la misma carta en la que pedía a Mornet la no comparecencia del capitán Massloff en la audiencia, proseguía diciendo:

Me gustaría añadir también a esta carta que hay otra equivocación que he olvidado señalar.

Donde está marcado «abrigo de viaje, doscientos cuarenta florines», y un poco más abajo: «forro (hamster), cien florines», se trataba en realidad de un único abrigo de pieles, forrado por dentro con piel de hámster, que asciende en total a doscientos cuarenta florines.

¡No hay derecho que se me cobre el forro dos veces! Hay numerosos errores, que no pueden ser discutidos en este momento y aún menos por carta.

La factura se reducirá, ya lo verá.

En cuanto a los vestidos que estaban encargados y que quería a mi regreso, son sólo algunos vestidos que deseaba tener, pero las telas no habían llegado aún cuando yo estaba en La Haya (a excepción del satén blanco). Por lo tanto, no podía haberse empezado a cortar nada.

Que Kuhne [su costurero] espere y que esté tranquilo. No he hecho nunca perder dinero a mis proveedores, pero detesto que me consideren una imbécil a la que se puede explotar. Me acuerdo absolutamente de todo y mantengo mi palabra.

De la misma manera, cuando fue detenida en Inglaterra, pidió que le reembolsaran el dinero que había pagado por el billete desde Falmouth hasta Amsterdam. Por caprichos del destino, ella recibió el mismo día del proceso una carta de la Royal Dutch Lloyd en la que le indicaban que la compañía estaba en deuda con ella por la suma de trescientos veintiocho francos.

Siendo extranjera en Francia, Mata-Hari no avisó a las autoridades de su país a tiempo, aunque también es cierto que los servicios de información franceses mantuvieron el arresto en secreto en espera de obtener nuevas pruebas. En la carta que envió a la delegación de los Países Bajos, nueve semanas después de su arresto, mostraba cierto desasosiego, el deseo de no inquietar a su sirvienta Anna y, como siempre y a pesar de todo, las ganas de jugar con sus relaciones:

Les pido que tengan la bondad de venir a ayudarme. Desde hace seis semanas estoy encerrada en Saint Lazare acusada de espionaje, cosa que yo no he hecho nunca.

Hagan por mí todo lo que puedan, se lo agradeceré. Si pueden, avisen a mi sirvienta sin hablarle del arresto, diciéndole que tengo dificultades para salir de Francia y, sobre todo, que no se preocupe. Les pido, por favor, que escriban esta carta en mi nombre. Les aseguro que estoy medio loca de pena. Pídanle también al conde de Limburg Styrum, secretario de nuestra delegación, que haga por mí todo lo que pueda. Me conoce y está al corriente de mis relaciones en La Haya.

El 22 de junio escribió también al consulado holandés en París para pedir que avisaran a su abogado, el maestro Hijmans, del incidente que le había ocurrido. En esta carta, Mata-Hari se preocupaba sobre todo por una factura que debía a su costurero, el señor Kuhne. Dice estar «en prisión por accidente de guerra» y termina con una nota optimista:

El dolor que siento es terrible. Pero soy inocente, por eso sé que todo se resolverá.

Mata-Hari sufrió, sobre todo, por las condiciones de su cautiverio. El aislamiento era terrible, y la comida, infecta. En varias ocasiones reclamó una fotografía del capitán Massloff.

El 6 de julio escribió a Mornet:

Estoy tan escandalosamente mal alimentada desde hace tanto tiempo que le pido que intervenga.

Sólo me dan lo que dan a los desgraciados que están también encerrados y hay días, como el de hoy, que se atreven a darnos de comer solamente un agua de arroz tan sucia que los mismos perros la rehusarían.

El trozo de pan es cada día más pequeño. Puedo tomar una comida de más al día, pero es muy cara y no me venden más pan. No hay derecho a que me maltraten de esta manera. Estoy llorando en este momento de la vergüenza que siento por recibir como alimento este rancho impresentable.

Evocaba además «las camas llenas de miseria» y añadía que padecía de hambre durante todo el día, antes de concluir como sigue:

Como que no me puedo comer esta sopa de perros debo acostarme sin haber comido nada durante todo el día. Pueden dudar de mí, pero no por eso dejo de ser una mujer.

CAPÍTULO 7

Cae la cuchilla

E l 24 de julio de 1917, el tercer consejo de guerra permanente del gobierno militar de París se reunió para decidir el destino de Mata-Hari. Su presidente, Albert Ernest Somprou, era teniente coronel de la Legión de la Guardia Republicana. Los jueces que le asistían eran: Jean Chatin, capitán del cuerpo de policía de París; Lionel de Cayla, capitán del 19 escuadrón del servicio de equipajes; Fernand Joubert, jefe de batallón del 230 regimiento territorial de infantería; Henri Degusseau, teniente del 237 regimiento y Joseph de Mercier de Malaval, subteniente en el séptimo de acorazados. El último juez era un suboficial, el ayudante de Berthommé, del 12 regimiento de artillería.

Un proceso a puerta cerrada

El teniente Mornet sustituyó en sus funciones al comisario del gobierno, con la asistencia de Rivière, agente escribiente y forense.

La defensa de Mata-Hari estaba a cargo del maestro Édouard Clunet, un amigo fiel que contaba setenta y cuatro años. Durante la instrucción, la antigua bailarina había declarado a Bouchardon con su tacto habitual «que tenía toda la confianza en el maestro Clunet, quien la conocía desde la infancia». Incluso añadió que le consideraba como «el más grande abogado del mundo y el único digno de representar a Francia desde el punto de vista internacional».

La vieja gloria de la danza sagrada llevaba para la ocasión un elegante vestido azul con escote en punta y un sombrero de tres puntas de estilo casi militar.

Después de la comprobación de la identidad de la acusada y de la lectura del orden del día, Mornet reclamó, a causa de la gravedad del caso, que las sesiones se celebraran a puerta cerrada y prohibió los informes a la prensa. Después de ser consultado el abogado de la defensa, el tribunal se retiró para deliberar.

A su vuelta, se hizo la lectura de las deliberaciones. El presidente Somprou declaró:

> Después de haber escuchado las observaciones del defensor, el presidente hizo las preguntas siguientes: 1: ¿Hay motivos para ordenar el cierre de la sala?, y 2: ¿Hay motivos para prohibir que salga información del caso Zelle al exterior?
>
> Con el recuento de los votos sobre cada una de las preguntas, recogidos por separado y conforme a la ley, el consejo ha considerado que la publicidad de las sesiones sería peligrosa para el orden público; cree, por otra parte, que sería igualmente peligroso para el orden público autorizar la publicación del informe del caso Zelle. Por tanto, declaro por unanimidad: 1. Hacerlo a puerta cerrada. 2. Prohibir informaciones al exterior sobre el caso Zelle.

En consecuencia, el público desalojó la sala y Mata-Hari se encontró sola frente a los jueces.

Mornet pudo entonces comenzar la sesión. Hizo referencia primero al tema predilecto de Mata-Hari, los hombres. En concreto, los hombres vestidos de uniforme, los militares a quienes Mata-Hari fue siempre fiel.

> Los hombres que no pertenecen a la armada no me interesaron nunca. Mi esposo era capitán. El oficial es, para mí, un ser superior, un hombre que vive en plena epopeya, siempre dispuesto a todas las aventuras, a todos los peligros. He amado siempre a bravos y corteses militares sin preocuparme nunca del país al que pertenecían porque, en mi opinión, los guerreros forman una raza especial que está por encima de los otros mortales.

Esta apología del soldado dejó estupefacta a la marcial audiencia. Después se habló de dinero, un tema más delicado porque, a este respecto, la lógica de Mata-Hari no era compartida por los militares. Se habló de nuevo de la entrega por parte de Krämer de veinte mil francos, y de las dos transferencias de cinco mil francos que Mata-Hari recibió en París. Sobre la primera, ella consideraba que se trataba de una indemnización por la retención de sus pieles. Y en cuanto a las otras dos, afirmaba que provenían de su amante holandés, el barón Van der Capellen. Con su pasado glorioso, consideraba normal que sus amantes mostraran su extrema generosidad.

Mornet era todo lo contrario de un vividor: «un vegetariano muy delgado y barbudo que no había probado una gota de alcohol en su vida», y se sorprendió por la importancia de la suma solicitada a los franceses. Con unos razonamientos muy particulares, Mata-Hari le explicó que, como en realidad tenía la intención de trabajar para Francia, era normal que solicitara una suma tan importante. ¿O acaso no era la famosa Mata-Hari?

Más insensibles aún a su argumento que a su gloria, los miembros del tribunal no vacilaron ni un momento. ¿Por

qué, insistió Mornet, no había hablado de Krämer a Ladoux? No tenía ninguna razón para hacerlo, puesto que se
había contentado con la indemnización. Siempre la misma
lógica y nunca la más mínima reacción.

Se pasó entonces a los testigos. Los oficiales citados a
comparecer desfilaron tristemente de uno en uno. Massloff y Hallaure no creyeron oportuno presentarse ante el
tribunal. El acta del proceso explica que:

> Al no poder ser obligados a comparecer los testigos capitán
> Massloff y teniente Hallaure, el consejo, por conformidad de
> las partes y según el artículo 126 del Código de Justicia Militar,
> ha ordenado que prosiga la sesión.

Massloff había abandonado cobardemente a aquella
mujer a la que hasta hacía poco había llamado «mi ángel».

El general y ex ministro Messimy no se comportó de manera muy diferente. Aunque se rumoreaba que había conocido la dulzura de los brazos de Mata-Hari, hizo escribir
a su mujer que, a causa de una crisis de reumatismo, no podía desplazarse hasta el tribunal. Esta intervención incongruente tuvo como efecto el único estallido de risa del proceso, cuando Mata-Hari dijo, riéndose a carcajadas:

> ¡Ese tipo ni me conoce ni me ha llegado a conocer nunca! ¡Es
> un auténtico caradura!

Después de esta interrupción cómica, la sesión continuó con la intervención de Jules Cambon. El secretario
general de Asuntos Exteriores fue el único que se comportó dignamente, al declarar que Mata-Hari no le había
preguntado nunca por problemas de orden político o militar. Eran las siete de la tarde. El tribunal decidió que la sesión podía ser aplazada hasta el día siguiente a las ocho.

El 25 de julio a la hora señalada, Mata-Hari se presentó de nuevo frente a los jueces. El público fue obligado una vez más a retirarse de la sala. Después de la lectura por el escribiente de las declaraciones de los testigos ausentes, se cedió la palabra a Mornet, quien condenó la actitud de la acusada desde el principio de la guerra y pidió al tribunal que Zelle fuera declarada culpable de los hechos que se le imputaban. A lo largo de la tarde, el maestro Clunet intentó convencer a los jueces de la inocencia de su cliente. Pero la convicción de estos era demasiado fuerte, y la marcha hacia el desenlace final, inexorable. Tras la intervención de la defensa, a Mata-Hari se le hizo la tradicional pregunta:

Acusada, ¿tiene algo que añadir en su defensa?

Y ella declaró:

Nada. Ya saben toda la verdad. No soy francesa. Tenía derecho a tener amigos en otros países. Permanecí neutral. Cuento con el buen corazón de los oficiales franceses.

Una vez terminada la sesión, la escolta llevó a Mata-Hari a la sala de detención y las puertas de la sala de la audiencia se volvieron a abrir al público.

El tribunal se retiró a la sala de deliberaciones. Mientras el Consejo deliberaba a puerta cerrada, el presidente hizo algunas preguntas conforme al artículo 132 del Código de justicia militar:

Primera pregunta:
La acusada Zelle, Marguerite Gertrude, esposa divorciada de Mac Leod, llamada también Mata-Hari, ¿es culpable de haberse introducido en territorio militar de París el diciembre pa-

sado para proveerse de documentos e información en beneficio de Alemania, potencia enemiga?

Segunda pregunta:

¿Es culpable la acusada de haber procurado obtener desde Holanda documentos o información susceptibles de perjudicar operaciones de la armada o de comprometer la seguridad de emplazamientos militares o de otros establecimientos de la misma índole, principalmente durante el primer trimestre de 1916 y después de largo tiempo de contactos, en favor de Alemania, potencia enemiga, sobre todo al cónsul Krämer?

Tercera pregunta:

¿Es culpable la acusada de haber mantenido relaciones con Alemania, potencia enemiga, en la persona del cónsul Krämer, en Holanda, durante mayo de 1916 y después de largo tiempo de contactos, con la finalidad de favorecer las acciones del enemigo?

Cuarta pregunta:

¿Es culpable la acusada de haberse introducido en territorio militar de París, en junio de 1916 y después de largo tiempo de contactos, para proveerse de documentos o información en interés de Alemania, potencia enemiga?

Quinta pregunta:

¿Es culpable la acusada de haber mantenido relaciones con Alemania, potencia enemiga, en París y pasado el mes de mayo de 1916, después de largo tiempo de contactos, con el fin de favorecer las acciones del enemigo?

Sexta pregunta:

¿Es culpable la acusada de haber mantenido relaciones con Alemania, potencia enemiga, en la persona del agregado militar Von Kalle, en Madrid y en diciembre de 1916, también después de largo tiempo de contactos, con el fin de favorecer las acciones del enemigo?

Séptima pregunta:

¿Es culpable la acusada, en las mismas circunstancias de tiempo y lugar, de haber procurado a Alemania, potencia enemiga, en la persona del agregado militar Von Kalle, documentos o informes susceptibles de perjudicar las operaciones de la armada o de comprometer la seguridad de emplazamientos militares u otros establecimientos de la misma índole, siendo dichos documentos o informes portadores de información sobre política interior, la ofensiva de primavera, el descubrimiento por los franceses del secreto de una tinta simpática alemana y la divulgación del nombre de un agente al servicio de Inglaterra?

Octava pregunta:

¿Es culpable la acusada de haber mantenido relaciones con Alemania, potencia enemiga, en París y en enero de 1917, después de largo tiempo de contactos, con el fin de favorecer las acciones del enemigo?

El proceso verbal de las deliberaciones proseguía:

> Con los votos recogidos de forma separada y conforme al artículo 131 del Código de Justicia Militar, empezando por el grado inferior y siendo su presidente quien ha emitido el voto en último lugar, el consejo de guerra permanente declara:
> —referente a la primera pregunta: sí, por unanimidad;
> — referente a la segunda pregunta: sí, con mayoría de seis votos contra uno;
> — referente a la tercera pregunta: sí, por unanimidad;
> — referente a la cuarta pregunta: sí, por unanimidad;
> — referente a la quinta pregunta: sí, con mayoría de seis votos contra uno;
> — referente a la sexta pregunta: sí, por unanimidad;
> — referente a la séptima pregunta: sí, con mayoría de seis votos contra uno;
> — referente a la octava pregunta: sí, por unanimidad.

Un miembro del tribunal había dudado en tres ocasiones. Pero estas dudas no podían influir lo suficiente en el curso de los acontecimientos, y el veredicto cayó como una daga:

> El consejo condena por unanimidad a la acusada Zelle, Marguerite Gertrude, a la pena de muerte.

Después del anuncio de la sentencia, Mata-Hari repetía, pasmada:

Clunet, entre lágrimas, sabía lo que quería decir esa sentencia.

A la sombra en Vincennes

La prisionera más conocida de Francia se reincorporó a la prisión de Saint Lazare al día siguiente, después de pasar una noche en la Conserjería. La pena de muerte modificó muy poco sus condiciones de detención.

Mata-Hari, en cambio, se encerró mucho más en sí misma. Por esta razón se añadieron dos camas a su celda que cada noche eran ocupadas por dos prisioneras para que velaran por su descanso. Mata-Hari se veía beneficiada también por la ayuda de dos religiosas, las hermanas Marie y Léonide. El doctor Bizard y su asistente el doctor Bralez se ocupaban, por su parte, de su salud física.

En cuanto a su moral, se encontraba totalmente en manos del inefable Mornet, quien controlaba la integridad de su correo, asegurando su comunicación con el exterior.

El 28 de julio, el gobierno de los Países Bajos, bastante discreto hasta entonces, intentó intervenir en favor de su súbdita. Se solicitó la conmutación por una pena de prisión.

Al día siguiente de terminado el juicio, el maestro Clunet había iniciado un recurso de revisión. El tribunal encargado de examinar la petición se encontraba en el bulevar Raspail. A mediados de agosto, el abogado de Mata-Hari fue avisado de que esta última instancia tendría lugar el día 17 a las dos de la tarde. Como no fue habilitado para ejercer ante esta corte, tuvo que ser representado por el maestro Bailby.

El mismo día, este indicaba a la delegación de los Países Bajos:

> No habiendo podido demostrar ninguna violación de la ley al arresto del Tercer Consejo de Guerra del 25 de julio de 1917, el recurso ha sido denegado.

Al defensor de Mata-Hari le quedaban aún dos posibilidades: apelar al Tribunal de Apelación y solicitar el perdón presidencial. Pero, debido a su buen estado de salud, las posibilidades se reducían seriamente.

El 2 de septiembre Mata-Hari, que se sentía cada vez más abandonada, escribía a la delegación de su país:

> Ruego a su Excelencia que intervenga ante el gobierno francés. El Tercer Consejo de Guerra me ha condenado a muerte por espionaje y se trata de un grave error. No son más que suposiciones, pero no hay hechos. Las relaciones internacionales que he mantenido durante este tiempo no son más que la consecuencia de mi situación de bailarina y nada más. En este momento, se cuenta mal y se exageran los hechos más naturales. He pedido la revisión y la casación de este juicio, pero como se trata de descubrir errores jurídicos, no creo poder conseguirlo.
>
> Sólo me queda recurrir al perdón del querido señor Presidente de la República, puesto que, en realidad, yo no he hecho espionaje contra Francia y es algo terrible no poderse defender.
>
> Celos, venganzas, hay muchas cosas que interfieren en la vida de una mujer como yo cuando se encuentra en una situación tan delicada como la mía.
>
> Tengo buenos amigos en La Haya. Mis relaciones son conocidas por el conde Van Limburg Styrum, quien seguramente dará a su Excelencia algunas referencias sobre mí, si es que desea tenerlas.

El 27 de septiembre, el proceso de Mata-Hari pasó al Tribunal de Apelación. Un a vez más, el profesor Clunet no pudo intervenir directamente en las sesiones.

Cuando el consejero Geoffroy hubo pedido la desestimación pura y simple del recurso, el profesor Reynal, que reemplazaba al profesor Bailby, en pie, declaró confiar en «la sabiduría del tribunal». Los dados estaban prácticamente echados. No quedaba más que el perdón presidencial. El ministro de Asuntos Exteriores de los Países Bajos solicitó oficialmente su perdón el 1 de octubre:

> Señor ministro:
> Acabo de recibir el encargo de mi gobierno de pedir el perdón, por razones humanitarias, de la señora Zelle Mac Leod, condenada a muerte por el Tercer Consejo de Guerra el pasado 25 de julio, cuyo recurso ha sido rechazado el pasado 28 de julio por la Cámara de lo Criminal del Tribunal de Casación. Tengo el deber de reclamar la atenta intervención de su Excelencia para remitir al presidente de la República la petición de perdón por parte del gobierno de la Reina, y le quedaré agradecido si puede decirnos qué tipo ayuda se le podría otorgar.

La cancillería de los Países Bajos no recibió respuesta alguna. Hay autores que han señalado un telegrama del senador español Emilio Junoy dirigió a Georges Clemenceau:

> En nombre y en recuerdo de nuestro amigo Salmerón, que prefería abdicar de la presidencia de la República antes que firmar una pena de muerte, os pido el perdón de Mata-Hari, mujer y artista sublime.

«El Tigre» respondió:

> Un amigo de Salmerón no debería pedir la vida de una traidora de la patria francesa.

Sólo el profesor Clunet supo qué pasaba. La sanción suprema era inminente. Y a pesar de eso, Mata-Hari no lloró ni perdió el valor durante los días siguientes.

El 14 de octubre, el abogado, que no cesaba de luchar por su cliente y amiga, escribió al comandante Julien, jefe del ministerio judicial del Tercer Consejo de Guerra:

> En el mundo del teatro, donde naturalmente interesa el futuro de la bailarina Mata-Hari, se dice de esta que está embarazada.

El abogado solicitó un informe médico. En un escrito de su puño y letra mencionaba al general Marchand, prisionero de los alemanes:

> ¿Por qué no impondríamos nosotros a nuestros enemigos la restitución de este preciado general a cambio de Mata-Hari, sin ningún valor para nosotros y cuya pena de muerte hubiera podido ser conmutada por la del exilio?

Según el pastor Arboux, «vivía con la esperanza de no llegar a ser ejecutada, de ser objeto de intercambio entre prisioneros».

¡Demasiado tarde! Ese mismo día el gobernador militar de París comunicaba al comisario del gobierno que el recurso de perdón de Mata-Hari había sido denegado y que, en consecuencia, «la condenada será conducida al campo de tiro de Vincennes, el 15 de octubre de 1917, a las seis horas y quince minutos de la mañana, para ser ejecutada».

El 15 de octubre hacia las cuatro de la mañana, el capitán Bouchardon se presentó en Saint Lazare siguiendo las órdenes recibidas. A él se unieron después los doctores Bizard y Bralez. Massard llegó un momento más tarde. Y poco a poco los oficiales se fueron reuniendo. Entre ellos, el subteniente coronel Somprou, quien había presidido las sesiones del proceso, Mornet, el capitán Thibaud, el primer escribiente del consejo de guerra, el director de la prisión, el señor Estachy, el profesor Clunet y algunos más.

En la fría noche se reunió allí un centenar de personas, tanto civiles como militares, entre las que había una docena de periodistas. Una afluencia, según algunos, bastante superior a la de una ejecución «normal». Mata-Hari hacía taquilla por última vez.

Los mensajeros de la muerte se personaron ante la celda número 12 y la abrieron. Mata-Hari, a quien se había administrado un tranquilizante, fue arrancada del sueño por la terrible sentencia:

> Vuestro recurso de gracia ha sido denegado por el Presidente de la República. Sea valiente, porque la hora de la ejecución ha llegado.

Pálida, con un nudo en la garganta, tuvo la fuerza suficiente para repetir:

> ¡No puede ser! ¡No puede ser!

Acto seguido, mostró una calma imperturbable frente a sus compañeras de lágrimas. Declaró a la hermana Léonide, al verla tan afligida:

> No tenga miedo, hermana, sabré cómo morir.

Fiel a su imagen, se vistió elegantemente con un vestido gris perla y escogió los zapatos más bonitos que tenía. Se peinó, se colocó un sombrero con velo de fibra vegetal y se puso los guantes.

Finalmente, se envolvió con un amplio abrigo que cubría sus hombros. Estaba preparada. Le replicó al doctor al ofrecerle unas sales:

> Gracias doctor, como podéis ver, no necesito nada.

Se entretuvo algunos instantes con el reverendo Arboux y finalmente se puso a disposición de la justicia, que tenía una última pregunta para ella. Según el artículo 27 del código criminal francés, «si una mujer condenada a muerte declara y demuestra estar encinta, esta no será ejecutada hasta el nacimiento de su hijo».

Mata-Hari no consideró útil emplear este subterfugio para retardar lo inevitable. Dejó la celda y rechazó al jefe de la guardia que pretendía cogerle del brazo, aclarándole que ella no era una ladrona ni una criminal.

En el despacho del primer piso pidió permiso para escribir tres cartas. La primera iba dirigida a su hija Non. Las otras eran para dos personas «que formaban parte de sus relaciones». Mata-Hari hizo entrega del correo al pastor Arboux. Nadie sabe qué pasó con esos tres documentos, que nunca llegaron a su destino.

Bajo una buena escolta, Mata-Hari dejó la prisión de Saint Lazare en coche y acompañada por el reverendo Arboux y la hermana Léonide. El coche cruzó París con rapidez a aquella temprana hora matutina y se dirigió hacia Vincennes. Atravesó la fortaleza y llegó al campo de tiro situado en el exterior, donde esperaba ya la tropa. El pelotón de fusilamiento proyectaba una sombra siniestra en la recién estrenada y fría mañana. Insensible al drama, Mata-Hari ayudó a la hermana Léonide a bajar del coche y se dirigió sola hacia el lugar del castigo. Un piquete compuesto por el cuarto regimiento de zuavos esperaba con el arma al suelo. Un testigo ocular, el abad Dergnier, sargento en 1917, explicó muchos años más tarde:

> Los soldados del pelotón eran zuavos, duros como piedras. Todo lo que oí fue el comentario de uno de ellos, quien dijo fríamente: «Esta está muerta y enterrada».

Los doce soldados que debían constituir el pelotón se colocaron en dos hileras frente a la condenada. Mata-Hari rehusó estar atada al palo de ejecución. De la misma manera rechazó la venda que querían ponerle en los ojos. Un oficial leyó en voz alta la condena de muerte.

Se alzó el sable, las armas apuntaron a la condenada y los disparos rompieron el silencio matinal.

Mata-Hari cayó sin vida sobre el suelo húmedo. El mariscal Petoy, del 23 regimiento de dragones, se acercó al cuerpo inerte y le dio un pequeño golpe. La muerte fue inmediatamente confirmada por el médico ayudante mayor de primera clase Robillard.

Eran las seis y quince minutos de la mañana y el sol, *mata-hari* en javanés, acababa de salir.

Capítulo 8

La traición:
¿leyenda o símbolo?

A ños después de su ejecución, Mornet declaraba lacónicamente acerca del caso Mata-Hari:

> Entre nosotros, en aquel caso no había pruebas ni para juzgar a
> un gato.

Quizá se tratase de una declaración irreflexiva, realizada
mucho tiempo después. Y aún más irreflexiva si pensamos
que el mismo Mornet, según otro autor, dijo también:

> El daño que esta mujer hizo fue increíble; probablemente fue
> la espía más grande del siglo.

Como ejemplo

¿Eran contradicciones debidas a las circunstancias o bien
a la evolución personal en el tiempo? Los juicios sobre
Mata-Hari están a la altura del personaje. Enigmáticos. Si
su vida no se hubiera desarrollado en una época de locura,
ella habría tenido un final muy distinto. Pero eran tiempos
de guerra.

En abril de 1917 la gran ofensiva lanzada por el general
Nivelle fracasó lamentablemente. Los soldados, hartos de

servir de carne de cañón, empezaron a murmurar. Los sindicatos obreros franceses, inspirándose en el ejemplo ruso, doblaron su actividad. En mayo desfilaban por los bulevares gritando: «Abajo la guerra».

Inmediatamente, los medios conservadores alimentaron la idea del complot irreversible, de la patria amenazada desde el interior. En realidad, cierto número de personalidades sospechosas se empezaron a agitar. Algunos órganos de prensa como *Le Journal* o *Le Bonnet rouge* recibieron dinero enemigo para desviar su línea editorial a favor de Alemania. Había un clima de una sospecha permanente. A los traidores, o supuestos traidores, se les señalaba con el dedo. A finales de mayo y principios de junio, la situación empeoró aún más. Las numerosas sublevaciones dentro del ejército amenazaban su integridad y su cohesión. Pétain, nuevo comandante en jefe del ejército francés, se vio obligado a actuar. Se pronunciaron numerosas penas capitales, y algunas incluso se ejecutaron. El movimiento era irreversible y se intensificó en noviembre, con la llegada al poder de Clemenceau. Las palabras de orden del nuevo presidente del Consejo fueron claras:

> Un solo objetivo: mantener la moral del pueblo francés en una crisis que es la peor de su historia. Mi política exterior y mi política interior son un todo. Política interior: hago la guerra. Política exterior: hago la guerra. ¡Yo siempre hago la guerra!

En esta política de guerra a ultranza se encuentra incluida la eliminación de los tratados, tanto implícitos como explícitos, debido a su gran valor simbólico. Lo único que importa es restaurar la moral de la nación.

Caillaux fue acusado también de «complot contra la seguridad del Estado» y juzgado por el Tribunal Supremo. Paul Bolo y Duval fueron ejecutados. No podía ser distinto para Mata-Hari, puesto que ella constituía un símbolo, aunque probablemente fuese menos símbolo para la opinión pública que para los propios militares. Esos hombres de uniforme que ella había seducido y amado, y que iban a perderla al abandonarla a su triste destino y condenarla a muerte.

Predecesoras y emuladoras

La leyenda hizo de Mata-Hari una gran espía. Para la literatura, existe un antes y un después de Mata-Hari. Pero todo queda en un voto piadoso y no sirve para ser analizado. Mata-Hari no puede de ninguna manera servir de modelo en un territorio donde fue, sencillamente, la más tierna de las beocias. Fuera de la leyenda y la imaginería novelesca, Mata-Hari queda limpia para la posteridad.

Las hipótesis más increíbles empezaron a florecer poco después de su muerte. La primera elucubración importante fue la de Kurt Singer, que hizo de Non la digna hija de su madre. ¡Este autor atribuye a la chica un trabajo de espionaje a favor de los japoneses veinte años después de la muerte de la madre!

Si nos quedamos en el terreno de la realidad, no resulta incongruente evocar ciertas figuras del espionaje internacional durante la Primera Guerra Mundial. Mata-Hari tuvo predecesoras que, sin ser ilustres, al menos destacaron, cruzando el umbral entre las sombras y las luces.

Son numerosas, y algunas hicieron carreras notables, con una sangre fría y un desprecio por el peligro dignos de admiración.

En territorio francés la más conocida es, sin duda, Marthe Richard. Viuda desde el inicio de la Primera Guerra

Mundial, fue reclutada por el capitán Ladoux y se instaló en España, conde consiguió infiltrarse muy pronto en los servicios secretos alemanes y convertirse en la amante del comandante de estos, el agregado naval de Alemania en Madrid. En 1933 fue condecorada con la Legión de Honor «por los servicios prestados».

Aunque estaba instalada en la capital española, Marthe Richard no se encontró nunca con Mata-Hari, pero cuando tuvo la oportunidad de acceder al registro de espías alemanes, pudo comprobar que Mata-Hari no figuraba en la lista.

La más célebre de las espías que trabajó para los británicos, a quienes casualmente les repugnaba utilizar a las mujeres, fue una mujer belga llamada Martha Mac Kenna, enfermera en Roulers, Bélgica. Los ingleses la enrolaron en enero de 1915. Su nombre en clave era Laura. Empezó indicando el lugar donde se encontraba un tren de municiones, que los británicos consiguieron destruir. Para obtener información más precisa, se acercó al frente convirtiéndose en voluntaria en los puestos de primeros auxilios. Este cambio de posición, unido al resultado de sus propias observaciones, le permitió sospechar del empleo de gas por parte los alemanes en Ypres en 1915. Desgraciadamente para los aliados, los servicios ingleses no tuvieron en cuenta su información. Martha Mac Kenna continuó sus investigaciones a pesar de esto y entregó finalmente informes que permitieron localizar las bases de los submarinos alemanes.

Durante el verano de 1915 fue la encargada de dar información sobre una eventual visita del *kaiser* a la región. Para ello, aceptó pasar un fin de semana con un miembro del Estado Mayor alemán. Y consiguió lo que quería «sin haber tenido que pagar por ello».

Martha Mac Kenna fue descubierta porque olvidó un reloj de oro en un depósito de municiones. Fue condenada a muerte por el tribunal marcial. Aun así escapó de la pena capital gracias a la Cruz de Hierro que había recibido por ayudar a los heridos alemanes. Después de la guerra escribió un libro de memorias.

Entre las grandes personalidades del espionaje británico se encuentra también Louise de Bettignies. Obligada al éxodo al principio de la guerra, fue reclutada gracias a su facilidad para los idiomas y enviada a Lille bajo el nombre de Alice Dubois. Tenía el encargo de organizar una red de espionaje al servicio de los ingleses y su tapadera era un negocio de corsetería y encajes. Muy pronto se unió a Marie Léonie Vanhoutte, más conocida con el nombre de Charlotte, quien se convirtió en su más cercana colaboradora.

Alice reclutó también a un químico, de Geyter, y a un cartógrafo, Paul Bernard. Muy pronto se puso a la cabeza de una verdadera organización secreta perfectamente organizada. De un arresto a otro, Alicia cayó en manos de la policía alemana después de un cierto numero de comprobaciones. Condenada a muerte con Marie Léonie, consiguió conmutar su pena por cadena perpetua y murió de fiebre tifoidea poco antes de terminada la guerra.

Indudablemente, el personaje mítico del espionaje durante la guerra fue un miembro de los servicios secretos alemanes, «la *fraulein* de Anveres», evocada por Ladoux durante la instrucción del caso de Mata-Hari. Su verdadero nombre era Else Schragmüller, pero fue más conocida en el mundo de los informadores con el nombre de *frau Doktor*, la señora doctora. Su apodo se debía al doctorado en filosofía sobre las antiguas corporaciones teutónicas que obtuvo antes de la guerra. Como patriota que era, se puso muy pronto al servicio de su país y fue la encargada de organizar una escuela de espionaje en la región de Anveres. Sus alumnos no estaban designados nominalmente sino por cifras. Esta mujer «de aspecto normal, muy bien vestida y de excepcional inteligencia» se convirtió rápidamente en «la rubia de Anveres», alimentando así las crónicas del espionaje. Se habló de sus «ojos de tigresa», de su belleza y de su falta de escrúpulos, de su crueldad con los agentes enemigos e incluso con los suyos cuando le fallaban. Fue muy exigente en lo que se refiere a la formación y se la recuerda por acuñar el término «falso espía», aquel que llama la atención del enemigo para evitar que se fijen demasiado en el espía verdadero. Cuando la interrogaron sobre Mata-Hari, declaró: «*Sie war ein Versäger*, era un obús inútil», es decir, un obús que no tiene capacidad de matar.

Otra gran espía alemana de la Primera Guerra Mundial fue María Sorrel, que trabajaba desde el hotel Bristol de Varsovia. Simpatizaba con los oficiales rusos que se iban al frente (se dijo que «era capaz de tener relaciones íntimas con unos treinta de ellos a la vez») y obtenía gran cantidad de información. Se hizo famosa porque consiguió hacerse con «las nuevas claves para uso del frente ruso». Fue capturada por los rusos cuando volvió a las líneas alemanas y colgada en el acto, sin ningún tipo de juicio.

La Segunda Guerra Mundial también dejó para la historia el recuerdo de algunas mujeres espías famosas. Los británicos solían negarse a utilizar mujeres en tareas de espionaje por su, digamos, «falta de discreción» y por la «debilidad de su corazón», pero curiosamente enviaron a la más vistosa de todas ellas a Francia. Noor Inayat Khan, cuyo nombre en clave era Madelaine, fue descrita por uno de sus colaboradores como «una criatura espléndida, más bien soñadora, bastante atractiva. Si la veías una vez, no te podías olvidar de ella. Ignoraba la prudencia y no tenía que haber sido enviada a Francia».

Con una imprudencia insigne, pasaba los documentos en medio de la calle, se olvidaba de su código secreto sobre la mesa de la cocina y escribía todos sus mensajes en una libreta escolar. Los alemanes habían ofrecido una recompensa de cien mil francos por la información relacionada con ella. La fusilaron en Dachau en 1944.

A la baronesa Benita Von Berg hay que situarla entre las espías traicionadas por los deseos del corazón. Era una mujer soberbia de la aristocracia prusiana que en 1936 se enamoró del capitán polaco Georg Von Sosnowski. Este era oficial de caballería y, además, el principal encargado por los servicios secretos de su país de descubrir los planes de invasión de Polonia por los nazis. Cuando ella se dio cuenta, tomó parte por él y encargó a su prima Renata, secretaria del Ministerio de la Guerra, pasarles todas las informaciones posibles. Una desafortunada carta del padre de Renata al general Hollmann despertó las sospechas de la Gestapo. Los tres espías fueron arrestados al instante. Las dos mujeres fueron condenadas a muerte y Von Sosnowski llevado a prisión. Al subir al patíbulo, Benita llevaba con ella una foto de su amante.

En Francia, Mathilde Carré, con el sobrenombre de *la Gata*, traicionó a su país por amor al coronel alemán Bleicher, que la convirtió en una agente doble. Fue desenmascarada y encarcelada en Inglaterra hasta el final de la guerra. Después fue transferida a París, donde se la condenó a muerte, aunque la pena no llegó nunca a aplicarse. Podemos también citar a Lidya Von Stahl, una falsa baronesa báltica que era una auténtica espía al servicio de los alemanes. Gracias a las confidencias de sus amantes franceses (en general, se trataba de hombres de mediana edad vulnerables por haber tenido una vida demasiado promiscua) pudo transmitir a los nazis «información sobre la movilización de la armada francesa, la relación detallada de la disposición de los diques de Toulon y de Brest, planos de submarinos franceses y la planificación industrial en previsión de una guerra con Alemania». Fue capturada por los franceses y liberada tras la ocupación; terminó su carrera como espía en los Balcanes.

Citemos finalmente Ruth Von Kühn, quien transmitía a los japoneses desde Honolulú, a través de señales luminosas, la posición de las naves americanas en Pearl Harbor. Esta espía alemana tuvo, además, el «privilegio» de compartir cama con Goebbels en persona.

La posteridad cinematográfica

Mata-Hari era un buen personaje de novela e inspiró especialmente a los cineastas, que la evocaron en numerosas películas. Greta Garbo fue la primera actriz que encarnó cinematográficamente a la bailarina, seguida por muchas otras como Marlène Dietrich, quien le dio también su imagen. En 1964, en *La camera explore le temps* de André Decaux, el papel de la bailarina estaba representado por la también bailarina Françoise Fabian. Algunos años más tarde le llegó el turno de encarnar a la famosa espía a Jeanne Moreau. La actriz contó con un vestuario de veintiún modelos distintos, diseñados especialmente para la película por Pierre Cardin. La cortesana volvía a estar de moda. Aun así, Jeanne Moreau declararía:

> Yo hubiera preferido interpretar a la Mata-Hari de la leyenda que a la verdadera.

En 1984 Sylvia Kristell, la efusiva *Emmanuelle*, retomaba el testigo en una película de Curtis Harrington. El 17 de noviembre de 1987, una versión televisiva dirigida por Alain Decaux tenía como invitado a Sam Waagenar, el biógrafo más talentoso de Mata-Hari. Se titulaba *Le Suicide de Mata-Hari*. Decaux estaba convencido de que Mata-Hari confesó solamente para acabar con todo aquello y que había más motivos para compadecerse de ella que para condenarla. En este sentido, decía que hay espías que no espían de verdad, y que la bailarina no llegó a entregar ningún documento importante. Para este espectáculo de televisión, el papel de Mata-Hari fue confiado a Alberte Robert, encargada de prensa de la cadena francesa Antenne 2; su parecido con ella era tan extraordinario que dejó agradablemente sorprendidos a los productores de la emisión.

Pero el proyecto más alocado estaba aún por llegar y se adaptaba a la perfección al personaje que lo inspiraba. Es de los años noventa y lleva la firma de David Carradine. El célebre actor de Kung Fu se lanzó efectivamente a una aventura extravagante: explicar el mito «en tiempo real». Al principio, Carradine pensaba filmar a su hija Calista hasta sus cuarenta y un años, edad en que Mata-Hari fue ejecutada, y sacar de ahí una trilogía. La presentación de las tres películas estaba prevista para el 2001. Finalmente, el cineasta renunció a esperar tantos años.

Mata-Hari pasó también a la posteridad gracias a un espectáculo de danza de una bailarina alemana contemporánea, Verena Weiss. Esta artista, que trabajó durante seis años en el Tanztheater de Brême, hizo de Mata-Hari la heroína de un espectáculo del que ella misma era directora, coreógrafa e intérprete. Verena Weiss evocó a la aventurera, a la mujer galante y a la estrella. El espectáculo se presentó en Hamburgo en 1992 y obtuvo un gran éxito incluso antes de presentarse, al año siguiente, en el Centre Pompidou de París.

Los vituperios literarios de Camille Pitollet

Según parece, Camille Pitollet, un universitario de Dijon, conoció a Mata-Hari en España durante la guerra y confesó que:

> En Madrid la vigilamos de cerca.

Según Charles Henry Hirsch, Pitollet se convirtió en «una especie de especialista en Mata-Hari». En 1950 publicó los *Souvenirs inédits*, que aun siendo de una aproximación histórica insigne son también de un especial valor por el buen uso que hace del lenguaje. Evocando la belleza de la bailarina, escribió:

> He dicho que, para apreciarla, hacía falta haber dormido con ella (lo que no era tan difícil, ya que su tarifa había descendido con los años) o, al menos, haberla visto *in puris naturalibus*.

Pitollet condenaba los escritos de Suisse Dumur, que adulaba a Mata-Hari con «un lirismo de colegial francamente espabilado».

> Si hubiera visto a Mata-Hari un poco más de cerca, se había dado cuenta, incluso sin sus gafas, que esa sifilítica, que contaba con bonitas espaldas, bonitos brazos y bellas piernas, tenía sin embargo el pecho caído, una grupa de caballo y un vientre, ¿cómo lo diría?, por lo menos, ajado.

De sus pechos «caídos», no podía más que dar una explicación patológica...

«Para apreciar el justo valor las artes de esta proxeneta de altos vuelos en la formación de la leyenda en que se envolvió», Pitollet recomienda la lectura de una obra aparecida en 1906 (sin duda, la de Adam Zelle), donde se dice en el quinto capítulo que Mac Leod «contaminó a su mujer».

Hay que decir que ella ejercía sobre los desprevenidos una seducción especial, no por su atractivo sexual sino por un magnetismo animal difícil de definir. Su arte de la seducción se basaba en encantos conscientes e instintos primitivos, violencia y afectación, todo ello sabiamente dosificado. Era una gran dama en ciertos momentos, y de repente se convertía, casi sin transición, en una verdulera de mercado, hija de la calle parisina. Las palabras groseras salían de sus labios como destellos de una sonrisa barriobajera. Había leído un poco y declamaba supuestos poemas hindúes con una gran fuerza de lirismo espontáneo. En la intimidad realzaba estas declamaciones con pasos de danzas «orientales» que ella misma había inventado con un arte verdaderamente extraordinario.

Pitollet, que creía en la culpabilidad de Mata-Hari, escribió a Von Kalle para saber cosas concretas de «la espía». Von Kalle le respondió el 27 de marzo de 1928:

> Honorable señor:
>
> Sobre el caso Mata-Hari, después de muchos años han aparecido muchas publicaciones donde la supuesta relación de mi persona con la desgraciada mujer resulta tan fantasiosa como falsa. De su escrito del 23 de este mes deduzco que su publicación hará lo mismo que las otras. Me sabe mal, pero en todo caso, sin hacer ninguna diferencia con los demás, os diré que no puedo decir nada en contra, puesto que mis esfuerzos por obtener informes oficiales auténticos que me hubieran podido servir para mi defensa personal, no han tenido nunca el más mínimo éxito. Igual-

mente, la pregunta de su primera carta la dirigí directamente a la instancia oficial competente y sólo conseguí por respuesta que «no se podían hacer precisiones sobre el caso Mata-Hari».

El misterio quedó, por lo tanto, en el aire.

El destino

Después de la ejecución de Mata-Hari, sus restos mortales no fueron reclamados por nadie.

El cuerpo de la que había sido adulada por todo el París mundano, aquella que había hecho vibrar a tantos

---

ALGUNOS CALIFICATIVOS

Con el paso del tiempo han ido aumentando los calificativos aplicados a Mata-Hari. Para recordar solamente los más sabrosos y para resaltar las contradicciones del personaje y cómo los distintos autores se aprovecharon de él, digamos que Mata-Hari fue, según el profesor Mornet, «la más grande espía del siglo». Pitollet se refiere a ella como «la Mesalina del siglo xx», «la bailarina roja», «la cabra de los pies de oro». Pierre Jean Rémy, antes de convertirse en escritor de éxito, escribió una novela inspirada en Mata-Hari bajo el seudónimo de Jean René Pallas. En ella presentaba a su heroína como una mujer no muy astuta y como «la reina de las meteduras de pata». Para su esposo fue «la ignominiosa « o «la perversa vanidosa». Como resumen podemos decir que en su época se la calificó de «toda una bailarina y, además, escandalosa, pero sólo un poco espía», aunque si se hace caso a su propia leyenda, Mata-Hari fue un poco bailarina y toda una espía.

---

amantes y soñar a tantos otros, acabó en una mesa de disección de la Facultad de Medicina de París. Es posible que su cráneo siga dentro de un frasco de formol en alguna de las estanterías de la sala de anatomía, pero hace tanto tiempo de este macabro recuerdo que ya no atraería la atención de los estudiantes de medicina.

En los informes oficiales, la ejecución de Mata-Hari costó 335,65 francos al Estado francés. La cantidad es tan ridícula como mezquina, sobre todo si se piensa que Mata-Hari reclamaba un millón, que le serviría para que ella y su bello capitán ruso pudieran amarse como tórtolos.

Matando a Mata-Hari creían matar la imagen de la traición convertida en mujer. Pero la leyenda y el mito hicieron eterna la figura de la espía detrás de los velos. La bailarina que inventó el *strip-tease* será el prototipo de «chica Bond» de todas las novelas policíacas del siglo XX.

¿Resulta suficiente esta idealización para creerla culpable a ojos de la historia? Ciertamente que no. Mata-Hari era demasiado bella, demasiado distinguida, demasiado independiente, demasiado segura de sí misma, demasiado poco maleable para ser una espía. Su manera de vivir, los sitios en los que se encontraba en esos momentos cruciales de la Historia del mundo, su manera de ser y de parecer son del todo contradictorios con una actividad semejante. ¿Era entonces una mujer inocente? El profesor Clunet, que fue siempre bastante neutral con respecto a la bailarina, dio probablemente la respuesta. En su opinión, «Mata-Hari no era inocente, pero tampoco tan culpable como para merecer la muerte».

Cuando ella creyó haber encajado dentro del molde de espía, quiso dirigir su carrera de agente secreta tal y como había llevado la de bailarina. Pero, en esta profesión de sombras, es el espía quien es dirigido. Considerar a Ladoux como un empresario fue una ingenuidad loca y una imprudencia total.

De la misma manera, no fue el afán de lucro lo que mató a Mata-Hari sino el dinero fácil, que durante años fueron destilando sus amantes, poco preocupados por el dinero.

Mata-Hari creyó, con su amoroso candor, que podía sacar dinero de los servicios secretos de información como lo hacía de sus amantes enamorados. Pero lo que no sabía es que la guerra no se hace como el amor. Las reglas son más estrictas y mucho más peligrosas. Al no haberlas entendido, Mata-Hari se condenó a sí misma incluso antes de haber empezado.

Frente al rigor militar, ella sólo era culpable de los delitos de impudor y de imprudencia.

Impudor en la intención, imprudencia en los actos. El poder de la intención nunca es suficiente, y menos aún si desemboca en actos de total inconsciencia.

Mata-Hari fue una mitómana auténtica y una espía falsa; fue sobre todo la trágica víctima de unas circunstancias desafortunadas. De haber sido declarada inocente, habría tenido como final el irremediable declive de una cortesana, despiadadamente castigada por el paso de los años. Al condenarla, la Historia creó para ella un irresistible destino.

Cronología

1876
7 de agosto: Margaretha Zelle nace en Leeuwarden, Holanda.

1889
Adam Zelle se arruina.

1890
4 de septiembre: Los esposos Zelle se separan.

1895
11 de julio: Margaretha contrae matrimonio con Rudolph Mac Leod.

1897
30 de enero: Nace Norman Jon.
1 de mayo: Viaje a Java.

1898
Nace Jean Louise, apodada Non.

1899
27 de junio: Norman Jon muere envenenado.

1900

2 de octubre: Mac Leod, esposo de Mata-Hari, dimite de la armada holandesa.

1902

Marzo: La familia Mac Leod vuelve a Europa.

1903

Primera temporada en París de Mata-Hari.

1904

Segunda temporada.

1905

Febrero: Mata-Hari baila en el salón de la señora Kiréevsky.
13 de marzo: Se presenta en la biblioteca del Museo Guimet.
19 de mayo: Baila para el rey del chocolate, Gaston Menier.
18 de agosto: Debuta en el Olympia.

1906

Mata-Hari pasa la mayor parte del año en Berlín.
Enero: Contrato de dos semanas para bailar en España.
17 de febrero: Baila en *Le Roi de Lahore,* de Massenet, en la Opera de Montecarlo.
Otoño: Baila en Viena.

1907

Enero: Mata-Hari se marcha a Egipto.
Otoño: Nueva estancia en Berlín.

1908

Invierno: Retorno a París.

1910
Invierno: Mata-Hari es contratada por André Antoine.
Primavera de 1910-fin de 1911: Vive en Touraine con el
banquero Rousseau.

1912
Enero: Mata-Hari baila en la Escala de Milán.

1913
28 de junio: Mata-Hari actúa en el Folies Bergère.
Septiembre: Trabaja en el Trianon Palace de Palermo.

1914
Finales de febrero: Mata-Hari viaja a Berlín.
23 de mayo: Firma un contrato con el Metropol.
Verano: Mata-Hari deja Alemania a causa de la guerra y se
instala en Holanda.
14 de diciembre: Actúa en el Teatro Real de La Haya.

1915
Otoño: Mata-Hari pasa algunos meses en París.

1916
Invierno: Retorno a Holanda.
24 de mayo: Mata-Hari va a España.
Junio: Entra en Francia y es seguida por los servicios de información franceses. Conoce al capitán Massloff.
Julio: Se encuentra con el capitán Ladoux, jefe del contraespionaje.
1 de septiembre: Estancia en Vittel.
6 de noviembre: Mata-Hari vuelve a España.
13 de noviembre: Es arrestada por la policía británica.
6 de diciembre: Retorno a España.

1917

4 de enero: Mata-Hari llega a París.

13 de febrero: Es arrestada.

13 de febrero-21 de junio: Interrogatorios.

24 de julio: Comienzo del juicio.

25 de julio: Mata-Hari es condenada a muerte.

15 de octubre: Es ejecutada.

Fuentes de información

Archivos de guerra, castillo de Vincennes:
— Informe «célébrités» y «Mata-Hari».

Archivos de la policía:
— Informe E A 200 XII.

BRAGANCE, Anne, *Mata-Hari, La poudre aux yeux*, Éditions Belfond, 1995.

GUILLEMINAULT, Gilbert, *Le Roman vrai de la IIIᵉ et IVᵉ République, 1870-1958*, Éditions Laffont, 1991.

KUPFERMAN, Fred, Mata-Hari, *Songe et Mensonge*, Éditions Complexe, 1983.

LOCARD, Edmon, *Mata-Hari*, 1954.

OMOTO, Keiko, *Quand la Japon s'ouvrit au monde*, Éditions Gallimard, 1990.

WAAGENAR, Sam, *Mata-Hari*, Cercle du Bibliophile (Librairie Arthème Fayard), (prólogo y apéndice histórico de Édito-Service S. A., Ginebra, 1971).

www.ingramcontent.com/pod-product-compliance
Lightning Source LLC
Chambersburg PA
CBHW062104080426
42734CB00012B/2748